それでも僕は、「評価」に異議を唱えたい。

めがね旦那 著

東洋館出版社

まえがき

この度は拙著『それでも僕は、「評価」に異議を唱えたい。』をお買い上げいただき、ありがとうございます。まだお買い上げいただいていない方は、一章は読み飛ばしてもらって結構ですので、二章から数ページ読んでいただいて「これは、今までの学習評価の本とちがうな」と感じてもらえたら購入してもらえると幸いです。

学習評価という言葉がしきりに言われるようになりました。「指導と評価の一体化」もよく聞きますね。しかし、現場では、学習評価への理解が深まっているかと言われれば、まったくそうとは感じません。それは、「総合的な学習の時間」や「外国語活動」や「道徳の教科化」や「一人一台端末」とちがって、「学習評価」を詳しく知らずに「なんとなく」やっていても特段の支障がないからではないでしょうか。実際、今だに「挙手の回数」を「主体的に学習に取り組む態度」の評価に取り入れている先生がいるくらいです。

さらに、学習評価が現場に受け入れられにくい理由として「用語の複雑さ」もあると感じます。これは、学習評価を理解するためのハードルが高いということです。ちょっとやそっと勉強した程度では、「目標に準拠する評価」を適切に運用することは難しいでしょう。

そして、僕がこの「まえがき」で一番強調して言いたいことは、文部科学省は「評価のコストをゼロ査定している」という点です。学習評価を適切に運用するには、各教員に、かなりの勉強量が求められます。さらに、それを毎時間の授業の指導に活かしていき、かつ学期末の総括的な評価につなげるためには相当の「時間と労力」が必要です。

しかし、現在の学校現場にそのような「時間と労力」を求めてもいいのでしょうか。「世界で一番忙しい先生」と言われる日本の先生たちの現状はメディアでも報じられるようになってきました。その成果として、教員採用試験の倍率はどんどん下がっていきます。このままでは「希望すれば誰でも先生になれる」時代も目前です。

そんな火の車状態の学校現場にある「学習評価」と、我々はどのように向き合っていけばよいのでしょうか。国立教育政策研究所は、随分とご丁寧な冊子を、全教科に渡って用意してくださいました。全教科を教えることもある小学校教員は、このすべての教科の冊子を読み込まないといけないのでしょうか。大学の先生方もたくさんの「学習評価」本を執筆してくださっています。それらも「国の方針」をいかに「適切に運用するか」を主眼に書かれています。

それらの膨大で「適切な」情報を前に「打ちひしがれて」しまった僕が、学習評価に関する思いをぶちまけたのがこの一冊です。この本に書かれていることをそのままマネするというよりも、学習評価という教育実践を考えるときの「一つの目安」になればいいなと考えて書きました。

人は二項対立でモノゴトを考える習性があります。しかし、二項対立を成立させるためには「相反する二つの意見」が必要です。僕の、ある意味では、学習評価の一般論から逸脱した考えを読んだ上で、ご自身の教育実践における学習評価の位置づけを「主体的に」考えてもらえれば幸いです。

それでは、またあとがきでお会いしましょう。

もくじ

第1章——そもそも評価とは何か

絶対評価と相対評価

学習評価はとにかくその用語が難しい。そしてその用語の難解さが、そのまま学習評価というジャンルの敷居の高さにも繋がっているのではないでしょうか。

始めのテーマは相対評価と絶対評価についてです。どちらも広く知られている言葉だとは思いますが、学習評価の世界での使われ方や言葉の印象は、多くの人が抱いているイメージとは異なるのではないでしょうか。

まずは「絶対評価」から説明します。現在の小学校の成績は「絶対評価」で決められているということは多くの人が知っていることでしょう。

そもそも、成績を決めるのは通知表をつくるためだと思っている人がいるかもしれませんが、実は学校に通知表の作成義務はありません。つまり、通知表は「学校のサービス事業」であり、保護者へ児童の学習の様子を知らせるために、学校独自でつくっているものです。

実際、通知表が存在しない公立学校というのも存在しています（長野県立伊那市立伊那小学校）。ちなみに、伊那小学校は時間割もチャイムもないというかなりユニークな学校です。

さらに脇道に逸れますが、めがね旦那の出身学校も私立ながら独自のユニークな実践をしている和歌山の山奥にある「きのくに子どもの村学園」という学校です。このようなユニークな学校の実践は、学校の「当たり前」から大きく外れているので、それを知ると、自分の教育観を大きく揺さぶられます。

通知表はつくってもつくらなくてもいいのですが、「指導要録」は作成が義務付けられています。指導要録とは「児童生徒の学籍並びに指導の過程及び結果の要約を記録し、その後の指導及び外部に対する証明等に役立たせるための原簿」（文科省通知2010年5月11日）であるとされ、指導機能と証明機能という二つの機能を有しています。

また、学校教育法施行規則第二十四条と第二十八条において、その作成と保存が法的に義務付けられています。指導要録は「学籍に関する記録（二十年保存）」と「指導に関する記録（五年保存）」があります。この指導要録の「指導に関する記録」を作成するときに「子どもの学習」面を記載しなくてはならず、その内容の一部を通知表に載せて保護者へ知らせているという建前になっています。

そんな指導要録ですが、2001年版からは、それまで「評定」欄において用いられていた「相対評価」をやめて、「目標に準拠した評価」をおこなうという、学習評価における大転換がおこなわれました。

「目標に準拠した評価」とは何なのでしょうか。実はこれが巷で言われている「絶対評価」とほぼ同意《どうい》なのです。では、なぜ指導要録では「目標に準拠した評価」と言われているかと言いますと、それは戦前まで話を遡ることになります。

明治時代の「学制（1872年）」が発布されたころは「試験」の時代でした。これは、決められた日に学校へ「教師ではない学校外の役人」がやってきて、子どもたちの力を測っていました。その成績によって等級が上がっていく「等級制」が採用されていました。これは、子どもたちを能力でしか見ることのない非教育的なものでもありましたが、当時は西洋文明に早急に追いつくために有用な人材を広く登用したいという明治政府の意向を反映したものでもありました。

その後、当時の文部大臣である森有礼の「人物第一学力第二」という思想などから、子どもたちの「人物」と「学力」をそれぞれ「優良」や「尋常」で評価するようになりました。

そうして「試験」の時代が終わり、子どもたちの平時の様子なども評価する「考査」の時代が始まったのです。それまで役人が子どもたちを評価していたものが、教師の手に渡ったのです。

しかし、当時の教育目標は「〜の態度を養う」や「〜の力を育む」といったつかみどころのない「方向目標」であったことや、そもそも「人物第一学力第二」という教育観があったため、教師たちは「おまえは習字はうまいが、態度が悪いから丙」（甲乙丙丁の四段階評価）とか、「あの子は試問はまあまあだが、修身はよく操行もよいから国語も甲」（操行は品性や道徳的行為、日常の習慣や態度のこと）などの、教師の胸先三寸による主観的な評価になってしまっていました。このような教師が日頃の印象や勘をもとに独断的に子どもの成績を決定する評価のことを「絶対評価」といいます。つまり、絶対評価とは、「教師を絶対的な規準」とする評価の立場で、教師が自分自身の主観を規準に子どもたちを「ネブミ」することから、別名「認定評価」と呼ばれています。

（以上、戦前から認定評価までは『よくわかる　教育評価　第2版』田中耕治編　ミネルヴァ書房より参考）

そのような歴史的背景があり、学習評価の世界では「絶対評価」と「目標に準拠した評価」

はっきりと分けています。しかし、戦後から長い間「相対評価」が指導要録では採用されていたこともあり、その「相対評価」のアンチテーゼとして「絶対評価」という言葉がこれだけ浸透したのでしょう。しかし、繰り返しますが、絶対評価は「教師の主観が絶対的な規準」なのに対して、「目標に準拠した評価」は「目標が規準」なので、両者はやはり明確に区別されるべきです。

つまり、時系列に整理すると、試験→考査（絶対評価）→相対評価→目標に準拠した評価（現在）となります。そこで、次は「相対評価」について説明したいと思います。

「相対評価」とは、別名「集団に準拠した評価」と言われ、戦後に学籍簿（のちの指導要録）で採用された考え方です。これは、戦前の教師の主観を絶対視した「考査（絶対評価）」への反省から、その主観性や恣意性を排除する目的で導入されました。

相対評価の考え方は、集団における学力は「正規分布」するということです。これは「正規分布曲線」を基準に、5段階評価なら上位7％を5、次の24％を4、その次の38％を3、次の24％を2、下位7％を1と機械的に配分することで、客観性と信頼性を担保しようとしました。

さらに1955年版の指導要録からは、各教科に「総合評定」の欄ができて一教科一評定となり、「相対評価」の持つ意味はさらに大きくなっていきます。つまり、評定が「わかりやすく」かつ「選抜の資料」として使いやすくなるのです。「評定」は、学校を中心とした選抜型競争社会の根幹を担う存在になっていきました。

ちなみに、戦後の「相対評価」導入時に合わせて導入されたのが「個人内評価」です。これは、教師の主観でも、目標を基準にするのでもなく、子ども自身に焦点を当てた評価であり、現在まで採用されている学習評価における大切な評価です。

しかし、この「個人内評価」は長らく「相対評価」とセットで運用されていたこともあり、その本来の使命を全うできなかったという見方があります。つまり「相対評価」の制度では、どんなにがんばっても、学級集団の中には「2」や「1」の下位の評定をもらう子どもが出てきます。その子たちの「失望や不満」を少しでも抑えるという意味で「個人内評価」が「救済」として活用されていたということなのです（「あの子の評定は2ばかりでかわいそうだから、せめて個人内評価でよい気分にさせよう」といった具合）。

相対評価は選抜型競争社会においてはその機能を十分に果たしてきましたが、一方で、学習評価としての妥当性については常に批判され続けてきた歴史があります。その根拠としては主に次の三点が挙げられます。

①集団に準拠している
②排他的な競争を強いる
③大数の法則に当てはまらない

①については、相対評価が「集団に準拠している」という点において、その評価が子どもたちの学びを直接評価しているものではないというものです。つまり、相対評価における評定「5」の意味は、「学習がよくできた」という意味ではなく、「集団において上位7%の位置にいた」ということを示しているだけです。

さらに厄介なのは「クラスの中には必ず1の子どもがいる」ということです。これは、どんなに子どもたち全員ががんばったとしても、その中で「相対的にがんばっていない子ども」を選ばないといけないという、なんとも苦しい選択を教師に迫るということなのです。

②も集団に準拠している点からの批判です。仮に現在、評定が「4」の子どもがいた場合、その子が「5」に上がるためには、現在「5」にいる別の誰かを蹴落とさないといけないこ

とが宿命づけられているため、それが排他的な競争を強いるというものです。このような環境では、クラスメイトは単なる競争相手であり、「教え合い高め合う」といった意識よりも「足を引っ張り合う」ような学習環境になってしまうという批判です。

③は、そもそも「正規分布曲線」は大数の法則を根拠にしており、そのサンプル数が多いほど「正規分布」に近づくということなので、例えば、30人学級などには適応できないのではないかという批判です。仮に30人学級であれば、「5」と「1」は2人ずつ、「4」と「2」は7人ずつ、「3」は11人となります（端数は切り捨て）。

先ほどの30人学級の「相対評価」の人数に対して違和感がない人も多いかもしれませんが、それは僕たちの中に「相対評価が内面化」されているとも考えることができます。

このような考えに対して、桑原作次は、教育という営みは、自然状態にある大数の傾向である「正規分布曲線」を崩して、「教育曲線」とでもいうべきものにつくり替える作業であるから、「教育の結果、依然として正常曲線型を示すとすれば、それは問題が適切であったなどと喜ぶよりも、教育そのものが適切であったかどうかについて、むしろ教師の反省を要求しているものとみるべきではないか」と述べています。この意見には内心ドキリとしてしまうのは、僕だけではないかもしれません。

そのような「相対評価」への批判の中で、1970年代の中頃から「到達度評価」という考え方が京都の住民運動を契機に誕生します。これは、「分数の足し算ができる」や「光合成の仕組みがわかる」などの「到達目標」を設定し、それを達成させるように授業をした点に特徴があります。これは、学力保障の考えが根底にあり「子どもたちを誰一人置いて行かない」という強い思いが、そこにはあります。

「到達度評価」は、アメリカの「完全習得学習」で有名なブルームの影響を受けています。それは、教育実践をより効果的なものにしていく手立てとして「診断的評価」「形成的評価」「総括的評価」を採用している点からも見てとれます。

「診断的評価」とは、単元開始前に子どもたちのもっている「素朴理論」などを診断する評価です（「素朴理論」とは、子どもたちの生活経験の中で培われた非科学的ではあるけれど強く影響している理論。「太陽は動いている」など）。ここでの診断をもとに、学習を計画して指導に臨みます。「形成的評価」は「到達度評価」における要の評価です。実践の途中に子どもたちの学習の状態を評価することで「わからない子どもを置いて行かない」ようにしています。そして、実践の終末で成績をつけるための資料となる「総括的評価」を行います。

しかし、この「到達度評価」にも課題はありました。それは「到達目標」自体が「限定的な記述」のため、どうしても指導が画一的になってしまい、それと相まって「学習の持つ豊かさ」が損なわれるという危惧です。学習や授業とは子どもたちが「到達目標」を達成することだけを指すことでは当然ありません。そこには「到達目標」では記述できない部分が多分に含まれていることも、多くの現場の先生は了解できると思います。

そのような課題を克服するために生まれたのが「目標に準拠した評価」です。

改めて時系列で整理すると、試験→考査（絶対評価）→相対評価→到達度評価の誕生→目標に準拠した評価　となります。

「目標に準拠した評価」は、「相対評価」に代わるものとして2001年版の指導要録から誕生し、現在も引き継がれている評価です。その大枠は「到達度評価」の特徴を引き継いでいるのですが、「到達度評価」の課題を克服するために、「目標に準拠した評価」では二種類の評価を活用しています。それが「ドメイン準拠評価」と「スタンダード準拠評価」です。前者は先述の「到達目標」に近いもので、学力保障の評価です。後者は、「できた・できない」ではなく「できた」に幅を持たせようという考え方です。つまり、こちらは発展的な学力の育成を意識した評価です。

例えば、「朗読」の課題への評価だったら、「登場人物になりきって、声の抑揚をつけて発表することができた」を「5」として、「登場人物を意識してはいたが、声の抑揚は少なかった」を「3」とするなどといった具合です。

「目標に準拠した評価」はこの二つの評価を駆使して、子どもたちの学力を保障し、かつより高度な学びをも評価していきたいという学習評価なのです。

見取りと評価と評定

繰り返しますが、学習評価に使われる用語は難しいです。その中でも、使用頻度は高いのに、使い分けが難しい言葉に「見取り」と「評価」と「評定」があります。これらのちがいも見ていきましょう。

まずは「見取り」です。これは、教師が日常的にしていることです。言い換えると「見えるもの」とも言えます。教師は子どもたちの学習活動を見て、そこから感じたことを指導に活かしています。

例えば、授業で「この問題がわかる人?」と子どもたちへ聞いたときに、手を挙げられずに下を向いた子がいれば、あとからその子へ個別支援に向かったりすると思います。教師は、子どもたちの様々な様子や反応を見て、そこから得られた情報をもとに授業を進めていきます。これを「見取り」と呼びます。見取りの具体例として、昭和の教育実践家である斎藤喜博の例を引用しましょう。


五年の男の子がとび箱をしていた。担任の先生は、はじめ子どもたちを集めて、いろいろ注意をしていた。それから、二列にならばせ、二つのとび箱で練習させた。だが先生は、ただそれをみているだけだから、いつまでたってもとべない子どもがいく人もいた。

私はそれをかりてやってみた。二つのとび箱の間に入り、つぎつぎと走ってきてはとぶ子どもたちに目をくばっていた。ふみきりの遠い子どもがいる。その子どもにはそれを指示した。その子がつぎに走り出すときには、またそのことを注意した。ふみきりでジャンプしすぎる子どもがいる。その子にはそれを注意した。ふみきるのと一しょに、ずるずると手を出してしまう子がいた。その子には、「もっと手をおそく出せ」と注意した。
そんなふうに、それぞれの子どもの弱点を、とぶしゅんかんにつぎつぎと指示して、何回かやらせているうちに、二人だけを残して、あと全員がとべるようになってしまった。残った二人は気力の問題だった。二人は、「こわい」という気持が強くてとべないのだった。それで、こんどは、その二人だけを別にして何回か指導した。この二人もすぐにとねるようになってしまった。

（『授業入門』斎藤喜博著　国土社　p.92、93）

ここでの斎藤喜博の指導でも「見取り」が見られています。子どもたちのとび箱を跳ぶ姿を見て、その子にあった指導をその場で子どもへ伝えています。優秀な教師ほど、このように「個別支援の引き出し」が豊富にあるのです。体育や音楽など身体感覚の涵養《かんよう》が必要な教科では、とくにこの力は必要です。
身体感覚は人によって異なります。ある子どもには効果的な声かけも、別の子にはまったく効果がないということはよくあります。だから、我々は「クラスの全員が逆上がりができるようになる実践」などに心が惹かれてしまうのでしょう。

これは、体育や音楽に限りません。最近、算数科の「時刻と時間」の指導をしたのですが、何も教えなくても「午前9時50分の20分後」がわかる子もいれば、「あと、何分で午前10時になるかな」という声かけでわかった子もいれば、数直線を書いて理解できた子もいました。そのどれでもわからない子には、具体物である時計を持ってきて、一緒に針を動かすことで、その子は納得することができていました。

子どもたちは同じ学年であっても、そこまでの生活経験は大きく異なり、子どもの中にある概念もまったくちがうことだってあります（素朴理論）。つまり、同じ指導で理解できることのほうが稀であるという認識が必要なのかもしれません。斎藤喜博は次のようにも言っています。

> 私がやったことは、ただ子ども全体に、一般的に注意することなどをやめ、どんどんとばせて、それぞれの子どものとび方に即して、とっさにその場で具体的な指示をしてやることだった。その方が、一般的な注意や指導をくどくどしているのよりずっと早いのだという経

験だった。
私は教師は、子どもの助走の仕方一つで、どういうふみきりをするかがわかり、ふみきったしゅんかんに、よくとべるか悪くとべるかがわかり、ぽんとふみきったとき「よし」とか「うまくとべた」とか言ってやれる教師でないと駄目なのだと思っている。子どもが飛び越えてしまってからわかるのではおそいのだ。ただとび箱のそばに立っているだけで、子どものとび方に応じて、とっさに指示を与えることができないようでは授業にはならないのだ。

（同著　p. 93）

この本が書かれたのは昭和35年です。斎藤喜博からの言葉を真摯に受け止めて、我々は「見取り」の力を高めていかないといけません。

次は「評価」についてです。これも日常的に行うべきものです。言い換えると「見るべきもの」となります。「見取り」よりも「評価」の方がより意識的に行われる行為です。

授業をしているとよく起こるのが「教師の教えたつもり」と「子どものわかったつもり」

です。この差が大きい授業では、教師も子どもも楽しくありません。職員室でよく聞く言葉が「テストをやってみたらビックリするほど点数が低かった」という言葉です。これは、子どもたちの学びの実態を教師が把握できていないことに由来します。

その場合は「テストは単元末にするものだ」という教師側の認識を変えてみましょう。僕のクラスの算数科では「かくにんテスト」というものがあります。これは、単元の後半にするテストなのですが、このテストの目的は「成績をつける」ではありません。だから、このテストの点数が低くても子どもたちは気にする必要はありませんし、テスト返却後は、クラスメイトから考え方を教えてもらって、「問題を解き直す」ことができます。解き直したテストを先生にもっていけば「点数を更新」してもらえます。

この「かくにんテスト」のような評価手法を「形成的評価」と呼びます。一方、単元末にする成績をつける際の資料となるテストを「総括的評価」と呼びます。形成的評価の目的は、単元後半の「指導計画の練り直し」にあります。理解ができていない児童には、個別支援による「回復指導」を行い、理解が十分な児童には、理解ができていない子への先生役をお願いしたり、発展問題を用意したりします。当然、指導計画通りに授業は進むわけはないので、このように軌道修正の機会として教師側が意識的に行う活動を「評価」と呼びます。

通常、「評価」という言葉を聞くと、「成績」とか「テスト」とか「通知表」という言葉が連想されることが多いと思いますが、学習評価における「評価」という言葉の持つ意味はもっと直接的に「指導に活かされる」ものであるということを、ここでは強調しておきたいと思います。

例えば、僕は国語科の授業は毎回、音読の活動を取り入れていますが、これも「評価」の一つです。文章への慣れが求められる「読解」において、子どもたちにはある程度「スラスラと文章が読める」力が求められます。だから、僕は毎時間、音読をさせることで、子どもたちの「文章への慣れ」を「評価」し、そろそろかなと思ったタイミングで読解を始めます。すると、文章に慣れているだけに、読解がとてもスムーズに進みます。

具体的に言うと、こちら側の問いに対して、子どもたちは「本文中の言葉」を根拠に答えることができます。国語科においては、それができるとできないとでは学びの質が大きく異なると僕は考えているので、そのために毎時間の音読による「評価」は、僕の国語科の授業における根幹部分を担っているとも言えます。

最後は「評定」についてです。これは、「見取り」や「評価」とは大きく異なります。日常的にはほとんど使いません。言い換える「判定に必要なもの」となります。評定の位置付けは、数値による「総括的な評価」です。言い換えると「この教科については、簡単に言うと、これくらいわかってます」というものです。

「わかりやすさ」は確かに必要です。例えば、「評定」は保護者への通知表（通信簿、あゆみなど）にも記載されることが多いです。教育の専門家ではない保護者に対しては「観点別学習状況の評価」だけでは、その学びの内実が掴めないことも多いでしょう。そこである程度の「わかりやすさ」という面も必要になってきます。

他にも「評定」は、進学のための資料だったり、認定や選抜などの「対外的証明」としての機能ももちます。そこでも「数値化されている」必要性はあるでしょう。

しかし「わかりやすさ」の弊害もあります。「評定」による数値がわかりやすいことで、そこばかりに目がいってしまい、学びの内実が「数値に矮小化」されてしまうという危険性もあります。実際、子どもたちや保護者は、通知表が返されると、まず最初に目をやるのは「評定」の数字でしょう。そこの数値を一通り確認した後に「観点別学習状況の評価」である「ＡＢＣ」を見ることになります。評価者である教師側の思いとしては、「観点別学習状況の評価」を見てほしいはずなのに、「評定」という「総括的な評価」にばかり目を向けられてしまうのは悲しいものです。

このように「見取り」と「評価」と「評定」という言葉、それぞれ持つ意味が異なるにも関わらず、現場では同じように捉えられていることがあり、それが学習評価へのあやまった認識につながる要因だと感じます。

第2章——学習評価の落とし穴

――事例1　平均点95を達成した教師の指導

ここでは、二つの事例を紹介しながら、学習評価の運用上の注意点を考えていきたいと思います。

ある若手教員はその年に学級担任ではなく「理科専科」を担当していました。授業にはまだ自信がないと言っていた割には、担当しているクラスの単元末テストの平均点は95点を超えていると言います。

もちろん、担当しているクラスの子どもたちの学力がそもそも高いということもありました。その年の全国学力・学習状況調査でも全国平均を優に超えるような学年です。しかし、その脅威の平均点の秘密は他のところにあったらしいのです。

どうやら、その若手教員の話を聞くと、その授業内容にその秘密があるそうなのです。簡単に言えば、授業内容を「テストに寄せている」のだそう。テストで問われる内容を中心に授業を組み立て、ときにはテストの設問をそのまま子どもたちに問うていたのです。

テストというのは、子どもたちが授業の中で、その内容をどれだけ理解できているかを測るための道具です。「わかったつもり」という言葉がありますが、子どもたちは授業を受けると「わかったつもり」になることが多いのですが、テストなどで問われると、実はあまり理解できていなかったということもまた多いです。これを僕は「教えたつもりとわかったつもり」と呼んで、自分の実践を振り返るときに考える視点でもあります。

学級としてテストの高い平均点がとれていれば、たしかに「理解できている」と判断できるかもしれません。しかし、その授業の内実が「テスト対策」のようになっているのであれば、それは果たして授業と呼べるのでしょうか。

どうせテストをするのであれば、子どもたちに高い点数を取らせてあげたい。このような教師側の気持ちはよくわかります。しかし、だからといって、テストで子どもたちに高得点を取らせることが授業の目的になってしまえば、それは単なる「テスト対策」であり、子どもたちの「豊かな学び」とは結びつきません。さらに言えば、テストに出てこない部分を授業で扱う必要性までなくなってしまいます。余った時間は、繰り返し「テストに出てくる問題」に慣れさせればよくなり、こうなると、それは授業ではなくて「訓練」にも見えてきてしまいます。

たしかに、我々は授業をする前にテストの内容を確認することはあります。中学校とはちがい、小学校でのテストは教師の自作ではなく、業者テストを頼ることがほとんどです。自分でつくっていないテストである以上、その内容を確認してから教えること自体は悪いことではありません。でも、だからといって「テストに寄せた」授業をしてしまうことは極力抑えるようにしている教師は多いのではないでしょうか。それは、先ほども述べた通り「授業の深まり」が生まれないことを危惧しているからです。

授業はコミュニケーションであると僕は考えています。だから、教師が言わせたいことだけを言わせているような授業はコミュニケーションのそれではないのです。実はこういう授業に敏感なのは子どもたちなのです。子どもたちは、このように「台本が決まっている」ような授業を「退屈」と感じてしまいます。

事例2　全員に3をつけた先生

　ある先生が、自身が担任するクラスの複数の教科における学期末の評定を児童全員「3」にしたことがすべての始まりです。これは、理論上は可能です。小学校における学習評価は「目標に準拠する評価」とされているからです。クラス全員がしっかりと学んで、観点別学習状況の三観点の評価における評価規準を十分に満足するくらいに達成できたのならば、観点別学習状況の評価をすべてAにし、評定の値を全員「3」にすればいいのです。

　しかし、ここにはいくつかの疑義が生じます。まずは「その目標は適正だったのか」というものです。そのクラスの子どもたちにとって「あまりに容易い」目標が設定されていたとしたら、それは「目標設定がそもそもおかしい」と言われても仕方がありません。

　次に、「教師はその評価において恣意性をできる限り排除できていたのか」ということです。これは「その評価において、信頼性と妥当性が担保されていたのか」と言い換えることもできます。学級担任にとって自分が担任をしているクラスの子どもたちは当然「かわいい」ものです。その子たちが一所懸命に努力をしている姿を見たら、その姿に「ほだされて」しまったのではないですかということです。

「でも、全員に3がつけば、全員がハッピーで誰も困らないじゃないか！」

このような反論が聞こえてきそうなので、先ほどの事例の続きの話をします。

その先生がクラス全員に評定で3をつけました。おそらく、子どもたちの中にはこれまでの学年で「3をもらったことがない」子どももいたことでしょう。その子は通知表に並ぶ3を見て、大喜びしたはずです。そして、自分の努力を喜び、自分を評価してくれた教師に大いに感謝したことでしょう。

保護者も同様です。「私の子どものがんばりを、やっと評価してくれる先生が現れた」。それは、自分のこれまでの子育てと自分の子どもの努力を同時に認めてくれたような、そんな素晴らしい教師の出現にも感じられたことでしょう。その家庭では、その3が並んだ通知表を囲んでパーティーをしたとかしないとか。

さて、時は進んで、翌年度の学期末。前年度に評定「3」をたくさんもらって自信がついていた子どもたちは、新しい先生と一学期間、学習して、その成果となる通知表をもらう日がやってきました。しかし、ワクワクして通知表を開くと、そこには3が一つもありません。

「去年の先生はたくさん3をくれたのに！」
「なんで今年はこんなに成績が下がったの？」
「去年の先生の方が教えるのが上手だった！」
「もう勉強なんてしない！」

保護者も同様です。「去年の先生は、うちの子どものがんばりを認めてくれていました。でも、今年はその期待を裏切られた。子どもは去年と同じようにがんばったと言っています。なのに、3がもらえません。変わったのは先生だけです。先生の教え方がわるいんです！」

この教師は、子どもたちと保護者の反応に驚きました。自分は学習指導要領に定まっている目標に準拠して評価規準を作成し、それをもとに適正に評価をした、つもりだった。評価の根拠となるものはしっかりと保存してあるし、開示請求があればしっかりとできる。それなのに、子どもたちと保護者からは大いに信頼を失ってしまった。

　前年度の指導要録の記録を見て、その理由を知ることはできましたが、一度生まれた保護者や子どもとの心の溝はなかなか修復できないのでした。


　この事例から、僕は「目標に準拠する評価」の危うさを垣間見てしまいました。総括的な評価としての「評定」は毎年つけられます。所見文による個人内評価にも、先生の個性は現れますが、それは前年度と「比べる」ことはできません。しかし、「評定」における「数値」はむしろ「比べるためにある」とも言えます。そこの部分の「信頼性と妥当性」が損なわれた場合、この数値には何も意味がなくなってしまいます。

　もちろん、今回の事例は管理職にも問題があります。担任と管理職との2重チェックが機能していなかったからです。しかし、知り合いのある学校では、管理職のチェックがないまま通知表を渡しているところもあるらしいです。管理職がすべての学級の学習状況と通知表をチェックできるということが現実的ではない以上、学級担任の裁量で作成されるのも仕方ありません。

　そもそも管理職のチェックがあったとして、全員に3をつけたこととの「妥当性」と「信頼性」を管理職は判断することができるのでしょうか。その単元の授業と評価をすべて見てきたわけではない管理職は、評価者である学級担任の評価内容についてどこまで口を出せるのでしょう。

事例3　評定3の人数が多くて調整した若手

現在の「目標に準拠する評価」というのは、学習指導要領から「評価規準」を作成し、それをもとに子どもたちの学習の状況を観点別に評価して、最後に観点別の評価をもとに「総括的な」評価としての「評定」を出すという流れになります。

評価規準をもとに評価するのは学級担任であり、評価規準について簡単な打ち合わせを学年間でしたり、成績一覧を管理職に提出することはあっても、基本的にはその裁量のほとんどは学級担任にあります。

そのような説明を受けてか、受けないまでも感じてか、なんとか学期末までやってきたある若手教員がいました。その若手は自分の学級の子どもたちを「評価規準」をもとに「観点別学習評価」を行い、さらにそこから国研の参考資料に示されている「評定」のつけ方に則り「ABCの組み合わせ」から「評定」をつけました。

さて、この若手教員は2クラスの学年で勤めています。同じ学年の先生はこの道30年のベテラン教員です。困ったことがあればいつも相談に乗ってもらっていましたが、どうにも学習評価については、聞く機会を逃して今日までやってきました。今日は学年で成績一覧表を見せ合う日です。

ベテラン教員の一覧表を手にした若手教員は驚いてしまいました。それぞれの教科で「評定の3」の数がベテラン教員のそれと比べて大幅に多かったのです。

自分のクラスにだけ学力の高い子が集まってしまったのでしょうか。いや、それは前年度の組み分けでしっかりと考慮されているはずです。若手教員の指導が優れていたからでしょうか。いやいや、若手教員は日頃からベテラン教員の授業を意識して授業をしていましたし、なんならベテラン教員の板書を撮影させてもらってそれを自分のクラスでも再現していたので、ベテラン教員の授業より優れているなんてことはあり得ないはずです。いや、少なくとも若手教員はそうは感じることができません。

若手教員の成績一覧表を見たベテラン教員も「評定の数は気にしないでね。あなたが評価者なんだから、あなたの評価をそのまま子どもたちに伝えてあげて」と声をかけてくれました。しかし、若手教員はその晩、大いに悩みました。

自分の授業がベテラン教員よりも優れているなんてことはあり得ない。それなのに、ベテラン教員よりも「評定の数」が多くていいのだろうか。そもそも私の「評価規準」が間違っていたのではないだろうか。仮に「評価規準」は正しくても、私の感覚が「甘かった」のではないだろうか。このままでは自分のクラスの子どもたちにも「笑顔で」通知表を渡すことはできないのではないか…。

結局、この若手教員は翌日、成績一覧表を見直して「評定3の数」をベテラン教員と「同じ程度」にまで揃えることにしました。

「評価」はどこまでいっても「属人的」にならざるを得ません。すると、経験の浅い教師ほど、「周りとのズレ」が「不安」につながりやすくなります。結果的に、「そろえたく」もなるでしょう。

――授業は教科書通り、テストは業者テストという現状

学習評価を自身の教育実践でも積極的に進めていこうと、様々な資料や本を読んだ結果、多くの教師が最初に抱く感想としては「難しそう」ではないでしょうか。なぜなら、学習評価では「教師自身」がそれぞれの単元の「評価規準を作成」することが求められているからです。

もちろん、これ自体の難易度はそこまで高くありません。実際、「学習指導要領にある文言の語尾を少し変えれば評価規準はできあがる」といった説明がなされることが多いからです。しかし、それでさえ、現場の先生にはハードルが高いと感じてしまうくらいに、現場の先生には「授業づくり」の時間がありません。

全国的な調査をしたわけではありませんが、これまで僕が働いてきた中で見てきた印象で言えば、現場の先生の多くは「教科書通り」の授業をしています。経験の浅い若手の教師に限れば、単元全体の学習のイメージや単元相互の関わりを意識して授業ができている人はほ

とんどいないのではないでしょうか。つまり、放課後に「明日の授業は何をやるんだっけ」と教師用指導書をめくり、そこに載っている内容通りの授業をしているといった具合です。

これは別に教師が怠惰であると言いたいわけではありません。学校現場では、勤務開始前から子どもは登校してきて、15時30分ごろまで学校にいます。そこから、休憩時間を取る暇もなく、会議や研修や保護者対応があり、そのあとにようやくテストやノートをチェックする中で、一体、どこに「評価規準を作成」する時間があると言うのでしょうか。

学習評価における大切な資料のテストだって「業者テスト」を購入して使っている学校が多いです。理想を言えば、教師自身がテストをつくることができれば、まさに「指導と評価の一体化」だとは思うのですが、残念ながら、現場の教師にはそのような時間も専門性もありません。だから、教師は単元が始まる前に「業者テスト」に目を通して指導事項を確認しておきます。どこかの誰かがつくったテストを評価の資料に使うわけですから、しっかりと目を通しておかないと「教えてないことがテストに出てきた」と子どもたちからクレームがきてしまいます。

ちなみに、先ほど、テストをつくる「専門性」という言葉を使いました。実は、テストをつくるには高度な専門性が求められるのです。その専門性とは「信頼性」と「妥当性」です。

「信頼性」とは、「評価結果の精度や安定性」を問う概念です。つまり、そのテストを複数回行っても安定して同じような結果がでるということです。複数の体重計があるとして、どの体重計に乗っても同じような数値が表示されるのに、一つだけまったくちがう数値が表示されていたら、その体重計の信頼性は低いということになります。

一方「妥当性」とは「評価したいものを本当に評価しているか」を問う概念です。複数の体重計があるとして、どれに乗っても同じ数値は出て信頼性は高いけれども、その数値は明らかに体重ではない場合、それは「体重を測る」という「妥当性」は低いことになります。この場合の数値は「体脂肪率」だったのかもしれません。

通常、業者テストは「信頼性」は高いが「妥当性」は低く、教師の手作りテストは「妥当性」は高いが、「信頼性」が低いと言われています。

たしかに、業者テストは専門家がつくり、かつ数多くのサンプルの上にでき上がっていますので信頼性は高いでしょう。しかし、授業者である教師の授業をもとにつくったテストではない以上、妥当性はありません。

一方、教師の手作りテストは、授業者である教師自身がつくっているテストなので、授業内容を加味してつくられているので高い妥当性がありますが、そのテストを他のクラスでしてもあまりよい結果は出ないかもしれません。つまり、信頼性は低いことになります。

ただ、先ほど述べた通り、ほとんどの教師は忙しいため「教科書通り」の授業をしていますので、業者テストをつくっている専門家は、その教科書の指導書の授業例に沿ったテストを作成することで、業者テストに高い妥当性が生まれているとも考えられます。さらに、教師は単元開始前や指導途中にもテストを確認しながら授業をしているとなれば、さらに妥当性は増していくことでしょう。

しかし、これがよいことであるかどうかの判断は難しいです。これでは「業者テストさえできれば教育は成功である」という価値観が、教師を通して子どもたちにも伝わってしまいそうです。教育の成否はテストの点数ではないということを示していくためには、「教科書とテストにとらわれない授業」を「教師が主体的に」考えていく必要があるのですが、いかんせん、多忙な教師にはその時間がないのです。

子どもと学習評価は切り離せるのか

現在の学習評価の考え方の根底には、子どもの学んだことを切り離して評価することができるという考え方があります。それは観点別学習状況の評価という言葉から推察できます。これは、子どもの学力を「三観点に評価することができる」ということです。観点は全教科統一で三観点が示されています。「知識・技能」、「思考力・判断力・表現力等」、「主体的に学習に取り組む態度」の三観点です。では、子どもたちの学力の要素とは、この三つだけなのでしょうか、と問われれば、それは多くの人がちがうと感じるはずです。では、子どもたちはどのように学んでいくのでしょう。ここへの答えとしては「構成主義的学習観」の考え方がヒントになりそうです。

構成主義的学習観とは、子どもは、教師から教わる前から何かしらの知識や概念をもっており、その知識や概念にもとづいて、自分なりの解釈や説明をおこないながら、学んでいくというものです。これは、子どもは「真っ白」であり、教師から学んだことをスポンジのように吸収していくという、多くの人が抱きがちな学習観とは反するものです。

子どもが日常的な経験の中でつくり上げた「自分なりの概念」のことを「素朴理論」と呼びます。これは、例えば、「物が燃えると軽くなる」や「昼と夜ではロウソクの光が届く範囲は異なる」や「太陽が動いている」などがあります。これらは子ども自身の生活経験から獲得した理論であり、非科学的ではあるものの、簡単に覆せるものでもありません。

だから学習が始まる前の段階で、子どもたちの素朴理論を把握し（診断的評価）、学習を進めていかないと、子どもたちは、授業で新しく学んだ科学的概念をすぐに忘れてしまいます。学習を進める中で、子どもたちの中にそれぞれある独特な素朴理論が、どのように科学的概念に置き換わったかという変容を評価していくことが大切になります。

子どもは新しく学んだ科学的概念を、自分の中に少しずつ組み込んでいきながら（構成しながら）学んでいきます。しかし繰り返しますが、多くの人は、学ぶというプロセスをまるでアプリケーションをインストールするかのように捉えがちです。Aという概念を学んだ子どもは、授業後すぐにAという概念を獲得するということはあまりないのです。

以上のように考えると、子どもたちの学びを「観点別に評価する」ということにも違和感が生まれます。子どもは観点別に概念を獲得しているわけではないからです。比喩的な言い方にはなりますが、子どもは、その全人格で世界の事象と向き合っているのです。

では、そのようなダイナミックな営みである「子どもたちの学び」を教師はどのように評価していけばいいのでしょうか。ここでは、芸術教育の領域で活躍してきたアイスナーの考え方を引用して考えていきましょう。

アイスナーは芸術分野における「鑑識」と「批評」という考え方を学習評価にも適用しようと提案しています。教育は複雑で不確実性に富んでいます。それは、決められた工程で車をつくる車工場とは訳がちがいます。授業の中で子どもたちに、下位目標から順に達成させていけば、上位目標が達成できるという考え方では対応ができないのです。

子どもたちの学びを、観点別ではなく全人格的に見取る力。これは、その学習場面だけの評価ということにはなりえません。その子の生活経験や性格、これまでの学習経験なども勘案しないといけません。そして教師側の、教科への深い理解や発達心理学などの広範な知識、これまでの指導経験なども踏まえて、総合的に子どもの学びを評価することになります。

これは簡単なことではありません。だから、教師は常にその「教育鑑識眼」の力を高めていく必要があり、そのためには「教育批評」をしていかないといけません。「教育批評」とは、自身の鑑識を通じて感じたことを文章に表してみたり、同僚教師と交流をしてみたり、また、他の教育実践家の文章を読むということです。そうしていくことで、自身の「教育鑑識眼」の力を高めていくのです。

僕自身もTwitterでの発信が「教育批評」になっていたと感じます。日々の教育実践で感じたモヤモヤを言語化して発信することは、自分の教育観と向き合うことです。言語化することで、すっきりしたり、そこで足りなさを感じたのなら、教育書を読んでみたりします。そうして、自分の中の「教育鑑識眼」が高まっていくことで、教室の中で起こる「子どもたちの学び」への見え方も変わってきたと感じます。

例えば学校現場では、「字を丁寧に書く」という価値観は根強いです。もちろん、読めない字ではこちらも困るのですが、「丁寧な字」から「読めない字」までの間にはとても大きい差があります。そして、その差の中での許容範囲は教師の価値観に委ねられています。「ハネ・ハライ」についての執拗な指導の結果、字を書くこと自体が嫌になってしまった子どもはたくさんいます。しかし、学校での勉強において「字を書く」という比重はとても大きいです。字を書くことに嫌悪感を抱いてしまった子どもは、その後の学習にも多大な影響を及ぼすことは確実です。それならば、ある程度の「字の雑さ」については教師側が「目をつむる」ということも必要ではないでしょうか。

子どもたちの豊かな学びのために、何が一番大切なのか。その視点で自身の実践を見直すような教育批評を繰り返して、自身の教育鑑識眼を高めていくことで、子どもたちの学びを評価する視座も変わっていくのではないでしょうか。

――エンマ帳とにらめっこ

今や死語になりつつあるであろう「エンマ帳」という言葉をご存知でしょうか。これは、閻魔王が死者の生前の行為や罪悪を書きつけておくという帳簿のことです。そこから転じて、学校において、教師が子どもたちの成績などを記入する手帳の俗称をエンマ帳と呼ぶそうです。

「指導と評価の一体化」が進められる中で、教師には、子どもたちの学習活動を評価しそれらを記録することがますます求められるようになります。なぜなら、総括的な評価である「評定」には「確かな根拠」や「妥当性・信頼性」が求められ、「評定」は「観点別学習状況の評価」が影響するからです。「知識・技能」「思考力・判断力・表現力等」「主体的に学習に取り組む態度」のいずれも「教師の主観」では評価してはいけません。それでは戦前の「絶対評価」を繰り返してしまいます。

ところで、指導要録における「要録」とは、その言葉の意味するところから「累積記録」の存在が前提とされています。「321」の評定や「ABC」の観点別学習状況というのは、それらを根拠づける「累積記録」をもとにつけられた学習評価であり、それらの「累積記録」こそが「目標に準拠した評価」の「妥当性・信頼性」を支えているとも言えます。

しかし、そこにはある懸念が生まれます。それを端的に表したある文章を引用したいと思います。昭和の著名な教育実践家である大村はまの文章です。

子どもがみんなの前で発表することがあります。終わって、拍手を受けたりしながら子どもは、瞬間、指導者のほうを見るものです。そのときに教師は、必ず子どもと目を合わせることができるようにしたいものです。子どもの目に映る顔であることを意識して、ねぎらいの気持ちをこめて目を合わせたいものです。

そのときに教師が、クラスを見回していたり、下を向いて評点らしきものを書いていたり、窓の外に目をやっていたりしたら、発表した子どもはどんなに寂しいことでしょう。あとで、「よくできましたね」と言われても、もう、そのことばのいのちはありません。

（『灯し続けることば』　大村はま　小学館）


これは昨今の「指導と評価の一体化」に孕む問題点を明らかにしている文章ではないでしょうか。つまり、教師が「評価ばかりに追われて」しまい、子どもたちの成長を「その場で喜ぶ」ことができなくなっているということです。

たしかに、参考資料では教師の学習評価に対する負担の軽減という視点は各所で感じます。単元の間ずっと評価し続ける必要はないというメッセージもたくさんあります。しかし、引用した場面は「発表」です。このような場面は全員が「同一の活動」をするので「児童全員へ学習評価を行う」場面として、参考資料ではよく例示されているものです。つまり、この引用のような場面は、十分に起こり得るのです。

そもそも、子どもたちの学習活動は「評価されるために」しているのでしょうか。もちろん、学習目標の達成が必要ないという話ではありません。学力保障の観点からも、子どもたちの学習を適切に評価することは必要でしょう。しかし、それが「評定」に「確かな根拠」や「妥当性・信頼性」を持たせるためであるのならば、そこには「子ども第一」という考えが薄れていくような気もします。

発表という、子どもにとっては緊張する活動を終えたときに、先生から「ねぎらいの気持ち」を感じとれるかどうかというのは、その後の学習活動すべてにおける先生との信頼関係にまで影響してしまうのではないでしょうか。

そもそも先生が発表のような緊張する活動のたびに、手元のエンマ帳に何かを書く仕草を見た子どもはどう感じるのでしょう。僕はこちらが子どもに与える影響の方が不安です。自分に置き換えたとき、自身の授業を見ている「指導主事」がいたとして、指導主事が、僕が授業で話すたびに、エンマ帳に何かを書き込んでいたら、僕は段々「不安」になると思います。「あ、今のはダメだったかな?」「今のはどう評価されたんだろう」。こんな状態の学習環境は健全なのでしょうか。それは「学習の場」ではなく「査定の場」に思えてしまうのです。

――面接のジレンマ

「査定の場」というショッキングな言葉を使いました。しかし、「指導と評価の一体化」というのは、そういう要素があるのではないかと感じてしまうのです。そして、それは子どもたちの「学びのパフォーマンス」を低下させてしまうのではないでしょうか。

面接試験というものがあります。これは典型的な「査定の場」です。

僕自身は面接試験や発表会の場など「緊張」が伴う場面では、いつもよりもテンションが上がってそれが「よいパフォーマンス」に繋がったことが多いので、面接それ自体は嫌いではないです。しかし、多くの人はそうではないということも知っています。僕の妻は、教員採用試験の面接試験の1週間前から、ずっとお腹を下してしまい、食も細くなり、どんどん痩せ細っていって心配になったほどです。

どうして人は、面接試験になると緊張してしまうのでしょう。

それは、面接試験では「失敗が許されない」と思っているからではないでしょうか。「間違ったことを言ってはいけない」「間違った行動をしてはいけない」「面接官に悪く思われてはいけない」。こんなことをどうしても考えてしまいます。試験での失敗は「不合格」を意味してしまうからです。

しかも、「何を言ったら正解で、何を言ったら間違いなのか」も受験生にはわかりません。試験によっては、採点基準を公表していることもありますが、そこには「人柄」とか「誠実さ」とか、それだけでは抽象的で結局よくわからないことが多いです。つまり、「何もわからない」という状態への不安も大きいのかもしれません。

筆記試験なら、過去問題があります。過去問題をひたすら解けば、出題パターンも見えてきて、不安が解消されることもあるでしょう。同様に、面接試験にも過去に試験で出された質問例などがあります。本番に緊張してしまっても「間違ったことを言わない」ために、質問されるであろう予想問題は「練習」しておくことになります。人は練習したことを「反復」

することはできます。

「あなたの志望動機をお聞かせください」

こう言われたあなたは、心の中でガッツポーズをして、何度も何度も練習した言葉たちを間違わずに言えることだけに意識して中空を睨み、無心で「唱える」ことになるでしょう。このときには、前に座っている人は誰でも構わないのです。いやむしろ、そこに人がいることさえ必要ないかもしれません。壁だって構わないのです。その人が発する言葉は、相手に向けての言葉ではなく「反復練習」による呪文のようなものなのですから。

でも、残念ながら、面接官が聞きたいのはそんな言葉ではないはずです。多くの面接官は相手の「本音」を聞きたいと思っています。だって、練習を重ねたストックフレーズを聞かされるだけなら「録音」で十分です。その方が、緊張のあまり早口になって聞きそびれた言葉を、後日、改めて再生し直すことだってできます。わざわざ受験生には、会場まで足を運んでもらうのだから、聞きたいのは受験生のストックフレーズのはずがありません。

でも、その思いは試験管と受験者では乖離してしまうのです。これが「面接試験のジレンマ」です。「間違えたくない」という受験者の思いと、「本音を聞きたい」という試験管の思いは、このようなすれ違いを生んでしまいがちです。

人は「間違えたくない」と考えているときは「必要最低限」のことだけをするようになります。「余計なこと」をしてしまって、それが減点対象になるようなら「損」をしてしまうからです。そこまで明確に言語化できていなくても、子どもでも同様の反応が見られることがあります。それは「固まって」しまうことです。その多くは「緊張」から来るものですが、そもそもその「緊張」は「間違えたくない」というところから来ているのです。

学習の場面の中に「採点の場」が設けられていれば、子どもたちの中には常に「緊張」状態になってしまう子が出てくるかもしれません。さらに、それは「間違えたくない」という気持ちを伴って「練習の範囲内」の言葉しか生み出さなくなるでしょう。そうなれば、もう授業の場での言葉は、大村はま先生の言葉を借りれば「もう、そのことばのいのちはありません」となるかもしれません。

――ノート記述で評価できるのか

「思考力・判断力・表現力等」を評価する方法として、参考資料に例示されている方法はいくつかありますが、その中でも「ノート記述」で評価するというのは、参考資料でもよく例示されています。しかし、子どもたちの書いたノート記述で、果たして「思考力・判断力・表現力等」は評価できるのでしょうか。

ノートの使い方には、教師によって様々な考え方があると思います。それは、「学習の記録」だったり、「意見の言語化」だったり、「意見の交流」だったりするでしょう。いずれにしても、ノートに書かれる言葉というのは、子ども自身の「思考」だけが書かれているということは少ないはずです。

黒板の内容をノートに写すという使い方があります。いや、むしろそういう使い方「だけ」を子どもたちにさせている教師が現場にはたくさんいるような気がします。子どもの中でも「ノートは黒板を写すもの」だと考えている子どもはたくさんいますが、そのような子どものノートに書かれている言葉の多くは「先生が考えた言葉」や「クラスメイトの言葉」です。

そもそもノート記述が難しい子どもがいるということは、参考資料でも想定されています。その箇所を引用します。

> 分かりやすく記録することが難しかった児童に対しては、できている児童のノートを見本として示したり、一緒に検流計の数値を読み取って、ノートのどこに、どのように記録するとよいかを助言したりするなどの個別指導を行った。
> (「指導と評価の一体化」のための学習評価に関する参考資料　小学校理科編　p. 60)

「できている児童のノートを見本として示し」ということは、ノート記述が苦手な子には、他の子のノート記述を「写す」ことが個別支援として認められているということです。僕もそのような支援をすることはあります。そして、それを認めるということは、先生のあずかり知らないところで「十分満足できる」ノート記述をしている子どものノートを別の子が写すことも想定されます。そして、その写した子どものノート記述の評価は「十分満足できる」になります。

もちろん「思考力・判断力・表現力等」の観点別学習状況の評価がノート記述一点のみで決まることはありませんが、その「写されたノート」は総括的な評価をつける際には、大いに影響するでしょう。教師は子どもたちの学習状況のすべて把握できているなんてことはありません。困っている子どもがいたらしゃがみこんで、個別支援をすることになります。そのときに、子どもたちが何をしているかなんて把握できません。

つまり、僕が言いたいのは、「そういう可能性があるようなものを評価対象にしてしまう」ことへの問題提起なのです。クラスの子どもたち全員が、授業が始まってから終わるまで、席を立つことを許さないなどのルールを徹底して管理をすれば、「ノート記述」における評価の「信頼性」も担保できるでしょうが、そこまでしてしまっては、そもそも何のために学習評価を行っているかわからなくなります。「主体的・対話的で深い学び」という言葉が虚しく響いてしまいます。

僕は常々、ノートとは「落書き」くらいの方がいいと子どもたちに話しています。よく「あとあと、見直せるようにキレイに書きましょう」というノート指導が見られますが、あとあと見直すなら「教科書」や「資料集」の方がよいに決まっています。子どもがいくら上手に書いたとしても、それは教科書会社がつくったそれとは比べものになりません。教科書や資料集には、写真や図やイラストだってあります。そんなものと勝負をしても仕方がないのです。

ノートの価値はそんなところにはないのです。ノートとは「思考の場」です。思考は常に浮かんでは消えていく儚いものなのです。人は考えたことをどんどん忘れていってしまいます。だから、書き留めておくのです。思考を言葉にする。そうすると、それがフック（ひっかかり）となり、その思考のフックをつくるための場がノートなのです。そしてそこには、様々な人の思考が入り乱れています。教師が黒板に書いたことも、クラスメイトの発言も、教科書の言葉も。それらも書き留めて、考えて、ノートに書き連ねていく。でき上がった思考は、ノートにはないかもしれません。そもそも、人はその思考のほとんどを言語化できないのではないかとさえ感じます。

そうしてでき上がったノートは、その時点でその役目の多くは終えています。ノートは「記録してあとあと見るもの」というよりは「つくり上げる過程に価値がある」ものではないでしょうか。書くことそのものに価値があり、その瞬間こそが「学んでいる」場なのです。

だから、ノート記述をもって「その子」の「思考力・判断力・表現力」は評価できないと感じます。そこには多種多様な人の思考があるはずで、「その子の思考」はあくまで「その子の中」にしかないのです。

――休み時間は評価対象か

僕は授業と授業の間の時間である「休み時間」は子どもたちにとって大切な「学びの時間」だと考えています。1から10まで何でもかんでも指示されてしまう小学生にとって、「何をしてもいい時間」というのは貴重だなと感じます。

そもそも「主体的な学び」が推奨されている割には、学校で学ぶ子どもたちに「主体的に活動できる時間」はほとんど用意されていないように感じます。何をするにも「先生からの許可」が求められる学校文化において、子どもたちは「トイレへ行っていいですか？」まで先生に許可を求めることが内面化してしまっているのではないでしょうか。僕のクラスの子どもたちは「トイレ、いってきます」という言葉を残して、もれそうなのか急いでトイレへ向かっていいます（めがね旦那『その指導は、しない』東洋館出版社）。

学習も同様で、「今は、○○をしてもいいですか」という質問は子どもたちからよく聞かれる質問です。

例えば、僕が「静かに過ごすならどのように過ごしてもいいです」と指示すると、ほぼ必ず「塗り絵はいいですか？」「パソコンはいいですか？」と子どもたちは聞いてきます。「静かに過ごすなら何をしてもいい」と言っているのに、「確認」をしてくるのです。

これを礼儀正しい振る舞いと考える先生は多いのかもしれませんが、「言われたこと以外はするな」という指示を繰り返しされてきた子どもたちが、自分で自分の行動を考えるような「主体的な思考」などできないのではないかなとも思ってしまいます。

そんな子どもたちが先生の許可を得なくてものびのびと過ごすことができる時間が「休み時間」なのです。しかし、この休み時間の過ごし方さえ学習評価の対象になるということが参考資料に例示されていて、僕は驚いてしまいました。

それは、参考資料の理科編の事例4に載っていました。この事例のテーマが「単元を超えた長期的な視点での評価」ということも関係があるのかもしれません。当該箇所を引用したいと思います。

> A児には、授業で発芽の様子を観察する際、他のグループの友達と発芽の様子を確認するなど、他者と関わりながら問題を解決しようとする姿が見られた。また、結論を導きだすことができず、改善策を考える際には、実験方法の問題点について友達と話し合いながら、実験方法を見直そうとしていた。このようにA児は、植物の発芽について友達と関わりながら、問題を解決しようとしていることが分かる。しかし、水やりなどの世話をグループの友達に依頼することも多く、実験中の植物の日光のあたり具合や水の状態などを自分で把握することについては、不十分な状況であると確認した。
>
> （同　p.75　※傍点は筆者）

授業中に「水やり」の時間が定期的にあるとは考えにくいし、そもそも理科の時間は週に3時間しかないので、授業中以外も「水やり」をしているのでしょう。

繰り返しますが、僕の考えは「休み時間は子どもたちの時間であり授業時間ではない」です。学校の休み時間は非常に短いです。授業が45分間なのに対して、休み時間は基本的には10分間しかありません。子どもは授業だけを受けるために学校へ来ているわけではないはずです。放課後は習い事で忙しい子どもも増えている中で、休み時間だけしか1日の間で遊ぶ時間がない子どもだっているでしょう。

しかし、今回の事例から感じてしまうのは「休み時間は子どもの時間ではない」という国からのメッセージです。そして、これは現場では一般的な感覚なのかもしれません。

多くの教師は、授業時間内の課題が終わらない子どもには休み時間も課題継続の指示をします。宿題を忘れてきたなども同様の対応でしょう。「課題が終わらないのが悪い」とか「宿題を忘れてくるのが悪い」など、すべてを子どもたちの自己責任に帰結してしまえば、そういう指示もできると思います。

一方で、「与えられた課題が子どもの能力を超えていた」とか「宿題に関して家庭からの支援がまったくない子どもの学習環境」などの状況を鑑みると、この自己責任論に陥りがちな学校の体質も改善できるのではないかなと感じます。

この事例は、このあと、教師がA児に対して助言をしたり価値づけをしたりする中でA児の変容があったことを書いています。

A児は、自分のグループのメダカが初めて産んだ卵を管理する役割を担い、休み時間などの授業外の時間に、自分が管理している卵を観察し続けていた。教師は、継続的に観察を続けるA児を見取った。やがてA児は卵に変化があると、教師や友達に卵の様子について報告するようになった。また、友達が卵の中で子メダカが動く様子や孵化する瞬間などを観察することができたという事実を知ると、A児は「わたしも見てみたい」と、より頻繁に自分が管理している卵の観察を行い、カードに記録する姿が見られたので、教師はA児の学習への取り組み方を価値付けた。

（同資料　p.76　※傍点は筆者）

メダカの観察自体は子どもたちにとって魅力的な活動であることは認めます。生き物を飼育するという経験はすべての子どもたちが家庭教育で達成できるわけではありません。授業時間以外はメダカを観察するなと言うつもりもないです。

しかし、それと「休み時間に観察をしないから、不十分な状況」であると評価することはまったくちがうのではないでしょうか。休み時間は休み時間として子どもたちが「主体的に活動」をして、授業時間に一所懸命にメダカの観察をする。それでいいと思うのです。

実際、先ほどの引用でも「友達と関わりながら、問題を解決しようとしていることが分かる。」とA児のことが書かれていました。A児は授業時間内だけ見れば、十分に意欲的に学習に取り組んでいたはずです。「水やりなどの世話をグループの友達に依頼することも多く」については、もしかしたら指導が必要な部分もあるかもしれません。しかし、それが学習評価に結びついてしまうことには違和感が残ってしまいます。

参考資料ではありませんが、国研は「学習評価の在り方ハンドブック」というものも公開しています。その中のコラムではこのようなことが書かれています。

学習評価について指摘されている課題として、「関心・意欲・態度」の観点について「学校や教師の状況によっては、挙手の回数や毎時間ノートを取っているかなど、性格や行動面の傾向が一時的に表出された場面を捉える評価であるような誤解が払拭し切れていない」ということが指摘されました。これを受け、従来から重視されてきた各教科等の学習内容に関心をもつことのみならず、よりよく学ぼうとする意欲をもって学習に取り組む態度を評価するという趣旨が改めて強調されました。

（学習評価在り方ハンドブック　p.9　※傍点は筆者）

「休み時間に、水やりなどの世話をグループの友達に依頼する」というのは「性格や行動面の傾向が一時的に表出された場面」ではないでしょうか。たしかに、そういう子はいますし、それで誰かが困るなら指導することもあるでしょう。でも、そういう部分で学習評価をするのはやめましょうと、そういう話なのです。

事例の最後にA児は、これらの行動変容とノート記述によって「十分満足できる」という評価を得ることになります。しかし、この担任の先生は、他の子どもたちにもA児と同じくらいの「まなざし」を向けていたのでしょうか。この点にも疑問が残ってしまいます。

長期的な「A児の観察」からの、助言等の支援、そして単元の後半における児童の「行動変容」と、教師からしたら学習評価における「理想的な形」であり、そこには感動さえ覚えてしまいそうです。そんな中での学習評価に、果たして「信頼性」があるといえるのでしょうか。当該教師がA児に「夢中」になっている間に、他の子はもっと大きな行動変容をしていたかもしれないのです。

ちょっと皮肉めいて書いてしまいました。結局、「学習評価の場を無限に広げて」しまえば、そこには「評価の恣意性」が入り込む余地が増えてしまい、それは学習評価における「妥当性」や「信頼性」を損なってしまうリスクがあるのではないでしょうか。

――文章表現力で「頭のいい子」がいつもA

体育科の評価を行うときの「思考力・判断力・表現力等」については悩んでいる教師も多いことでしょう。体育科には、ペーパーテストがあるわけでもないし、そもそもあったからといって測れるものでもなさそうです。

これは体育科だけではありません。図画工作科だって音楽科だってそうです。実技が主体となる教科における「思考力・判断力・表現力等」をどのように評価していくかは悩ましいのです。結果、多くの教師は「ワークシート」を作成し、その単元で考えたことを「書かせる」ことになると思います。しかし、この方法には弊害があると感じます。それは「考えたことを文章でわかりやすく表現」することが難しい子どもは「よい評価がもらえない」ことになるからです。

評価の指標が増えるということは、それだけ「学校教育に順応している子ども」が有利になるという側面があります。これには同意をしたくない教師も多いかもしれません。評価の指標を増やすという文脈には「子どものよさを様々な角度から見取る」という考えもあるからです。

たしかに「運動は苦手」だけど「考えたことを表現することは得意」な子どもは救われるでしょう。運動能力だけで決められる体育科よりも喜ばしいと、その子どもは感じるかもしれません。しかし、その子どもはおそらく、他の教科でも「よい評価」がもらえることが予想されます。図画工作科だって、音楽科だって、体育科と同じような評価方法が取られるのであれば、その子どもの「よさ」は多くの教科で見取ってもらえることでしょう。いずれも「自分の思考を文章で表現する」というものさしで評価するのですから。

しかし、「運動は得意」だけど「考えたことを表現することが苦手」な子どもはどうでしょうか。単元内の実技部分では抜群の動きを見せたとしても、その後のワークシートでは自身の思考の過程を「言語化」することが難しい。すると「この子は何も考えていない」と教師は感じるかもしれません。もしくは「思考力・判断力・表現力等」が伴っていないから、評定で3をあげることはできない、となるかもしれない。その子どもは、学校教育における教科の中では「体育の実技」部分でしか活躍が見込めない場合、「考えたことを表現することが苦手」というだけで、学校の評定という側面からは見放されてしまう可能性があります。

例えば、僕が子どものころは「勉強は苦手だけど、体育科の評定だけはいつも3」みたいな子どもは、確かにいたような気がします。この体育科の部分は、図画工作科でも音楽科でも構いません。いわゆる、「一芸に秀でている子ども」です。そういう子どもは、他の教科の評定で1が並んでいたとしても、他の誰にも負けない教科における「3」が心の支えになっていたことでしょう。

しかし、すべての教科で「思考力・判断力・表現力等」の評価部分を「思考の過程を文章で記述しなさい」という形式が取られた場合、先ほどのような子どもの心の支えはなくなってしまうかもしれません。

そういう意味で、さきほどは「学校教育に順応した子ども」という表現を使いました。学校教育の中に「学習評価」の要素がどんどん入り込むことで、その現象は加速するのではないかと懸念してしまいます。

では「文章による評価」ばかりではなく様々な側面から評価したらいいという反論があるかもしれませんが、これは、現実的にはなかなか難しいです。文章による評価が先生たちに重宝される理由は、それが「保存可能」で「比較が容易」であるからです。実技科目における「パフォーマンス」の部分で評価するのは、評価を専門に研究している人でもなかなか難しいと聞きます。どの動きをもってAとするのか、という基準は文章ほど容易ではありません。

パフォーマンスで評価する手法の中に「ルーブリック評価」というものがあります。

これは例えば、図画工作科の作品などを評価するときに、子どもたちの作品を一堂に並べて、複数の教師でそれらの作品をよいものから順に三段階に分けます。分けた後に、その「分けた基準」についてそれぞれの教師が言語化する。そうして言語化された基準をもとに、自身のクラスの子どもたちの作品を評価していく。これらの手順でつくられた指標を「ルーブリック」と呼びます。これは、「目標に準拠した評価」における「スタンダード準拠評価」のことです。活動の評価を「できた・できなかった」という「ドメイン評価（到達評価）」だけで見ないという方法です。

しかし、日々忙しい先生たちにこの評価をいつもしてもらおうなんて、僕の口からはとても言えません。いわゆる「真正の評価」とは、どれも「高い専門性」と長い「時間」を求めることが多いのです。しかも、この「ルーブリック評価」の基準は、一回つくったらずっと使えるものでもありません。一人ひとりの基準がズレてくるので、定期的にそのズレた基準を揃えていくことも必要であるといわれています（これを「キャリブレーション」と呼びます）。

これまでも述べてきていますが、学習評価というのは非常に時間がかかる（コストがかかる）行為であり、高い専門性が要求されるものなのです。だから、ついつい手軽な「文章記述」が評価材料として好まれる傾向があるのかなと感じます。

恣意性と客観性

評価とは恣意的です。評価から恣意性は取り除くことはできません。

人が人を評価するのだから、これは当たり前のことですけど、そのことは学習評価の話では、ついつい忘れられがちです。もちろん、学習評価から評価者の恣意性をできるだけ取り除こうとすることはできます。

例えば、評価規準の作成はそうでしょう。規準となる文章を学習指導要領からつくれば、ある程度の「信頼性と妥当性」は担保されているように感じます。しかし、それも「感じます」と書いたとおり、評価規準がいくら厳密につくられていようとも、そこには評価者の恣意性というのは入り込んでしまいます。

人生逆転ストーリーみたいな話が好きな人は多いです。「もともとは不良だったんですけど、ある出来事によって改心して、そこから真面目に働いて、今ではチェーン店のグループオーナーです」みたいな話です。「よくある話」というのは、多くの人の価値判断にも影響を与えます。いや、逆かもしれません。多くの人の価値判断に適うからこそ、「よくある話」として伝播するのでしょう。

例えば、クラスにいる「不真面目な子」がたまにする「良い行い」を「高く価値づけ」する教師は多いです。その意図としては、「不真面目な子」の「良い行い」を「褒める」ことで、次回以降の「良い行い」を期待してのことでしょう。人間は褒められれば気持ちがいいものだから、次もその行動を行う可能性は高いと考えます。

しかし、クラスにいる「真面目な子」は「良い行い」を日常的に行っていたとしても教師からその行為について毎回「褒められる」ことは、おそらくありません。「真面目な子」たちはこちらが「良い行い」を「高く価値づけ」しなくても、次回もしてくれることが予想されるからです。

この状況だけを見れば、なんだか「真面目な子」が損をしているように感じます。真面目な子だって褒められたい欲求はあるはずです。しかし、我々は、ついついこの真面目な子の「良い行い」を「当たり前」という評価をもってスルーしてしまうことがあります。

こんな場面もあります。例えば、学年末まとめテストを前に「1年間の学習のまとめ」をしようという時間です。「自分にあった方法で、学習をまとめよう」という指示を出したとします。すると、多くの子は「パソコンでNHK for Schoolの動画を視聴する」という方法を選びました。時間は30分です。動画を観るためには、パソコンにログインして、サイトを開いて、そこから動画を探して…と様々な行程が存在します。動画自体も番組であれば一つあたり10分程度の視聴時間がかかります。10分かけて一つの単元の内容しか復習できないなら費用対効果は悪いと、教師はそう感じるかもしれません。

それに対して、教科書とノートを使えば、お目当てのページを開けば、すぐに学習を始めることができます。動画のように時間に縛られずに自分のペースで勉強ができます。わかっている部分はサッと読み、理解が浅いところはじっくり読んで、内容をノートにまとめることができます。
子どもたちの多くは「パソコンを使うこと」それ自体が好きなのです。その利点を考えずにすぐに「パソコンを使おう」とします。手段と目的についてなかなか考えが及ばない。「パソコンを使う」というのは手段であって、「時間内に効率よく学習をまとめる」という点で考えれば、ある部分では、教科書とノートにだって分があるのに…。

さて、この場面には多分に評価者である先生の「恣意性」を盛り込んでみました。意識しようとしまいと、子どもたちの行動に対して先生たちは数多くの恣意的な評価を勝手にしているのです。

さらに言えば、それ自体は別に悪いことではありません。子どもたちが、学習にパソコンばかり使うことが気になるのであれば、パソコンの利用を制限するというのも、指導法としては有効なのです。「制限をかける」ことで子どもたちは教科書とノートという学習用具の価値に気づけるかもしれません。

それとも、あえてパソコンを使わせてみて、30分後に「どれだけ学べたか」を、パソコン派と教科書ノート派で比べてみてもおもしろいでしょう。学びは、そうやって広げたり深めたりすることもできます。

付け加えると、人は「少数が選んでいる方」の「価値を重く見る」こともあります（希少性）。先ほどの事例だと、多数のパソコン派より少数の教科書ノート派の子どもたちを「高く評価」してしまうということです。「先生自身の価値判断と親和性がある」というのも「高く評価」してしまう点になり得ます。いつもパソコンを使っている子どもが、この日は教科書ノートを使っていても、それに対して「高い価値づけ」をするかもしれません。これは、その子の変容に価値を見出しているとも考えられます。

東洋の『子どもの能力と教育評価』には、このような記述があり、ドキッとさせられました。

> また、教師が何も特別にえこひいきをしないでも、できるはずだと思っている生徒の答えを聞く態度と、できないはずだと思っている生徒の答えを聞く態度とは、自然に違ってきてしまいます。できるはずだと思っていれば平凡なことを言っても何かその底で立派なことを

考えているのかもしれないと思って注意してよく聞こうとしますし、この生徒はどうせだめだと思っていれば、いいことを言っていても、そのいいことに気がつかないで聞き流してしまうというようなことが起こります。あるいは、できる生徒だと思っていると、深く質問してその生徒の考えていることを掘り起こそうとするし、あまりできない生徒だと思っていると、深く質問してはかわいそうなのではないかと思って適当にお茶を濁してしまったり、ということもしばしばあります。

（東洋 著『子どもの能力と教育評価』東京大学出版 p.11）

学習評価は指導とは切っても切り離せないものであることを痛感させられてしまいますし、その学習評価には多分に教師の恣意性が含まれているのです。このように、ある場面における「ある行動」だけを「純粋に」評価するというのは非常に難しいことがわかります。行動には「文脈」があり、特に学級担任制である小学校教員は、子どもたちの生活全般を見ている分、これが困難なのです。

では、評価における恣意性とは忌むべきものなのでしょうか。次は、評価の客観性に焦点を当てて考えてみたいと思います。

突然ですが、僕は「歌唱」が苦手です。なぜなら、自分の音程が合っているかどうかを判断できないからです。上手に歌っているつもりでも、音程が外れているということがよくあります。だから、カラオケの機能である「精密採点」が大好きです。これは、自分の歌声をリアルタイムで「グラフ化」して、音程がどれくらいズレているかをその場で「評価」してくれるものです。音程という可視化できないものを「グラフ」として「可視化」してくれるおかげで、僕は自分の音程のズレをその場で把握することができ、安心して歌うことができます。

さて、ここでの「精密採点」はとても「客観的」です。機械には恣意性が入る余地はまったくないので、僕が歌おうと、歌手が歌おうと、忖度なく、設定された基準を元に粛々と評価し続けてくれるでしょう。

では、この評価が完全に優れていると言えるでしょうか。音程や抑揚やビブラートといった「計測可能」な部分については機械の評価は人間よりも厳密でしょう。しかし、音楽の良し悪しとは「計測可能」な部分だけで成り立っているわけではありません。機械による「精密採点」での100点の歌唱と90点の歌唱では、すべての人が100点の歌唱を選ぶとは限りません。

素人参加型テレビ番組で、機械による「精密採点」で100点に近い点数を出すことを楽しむ番組がありますが、そこの出演者が軒並み「多くの人を感動させられる」わけではないように、「多く人を感動させられる」歌唱が「精密採点」で100点を取れるとも限りません。むしろ音楽でいえば、期待したものから少しズレた方が「グルーブ感」としての感動を生むことさえあります。

学習評価においても、ついつい「客観性」が大切にされてしまいがちですが、実はそこでは「計測できないもの」に対しての感度を下げてはいけないなとも感じています。それこそがまさに恣意性なのですが、人が人を評価する以上、この恣意性は避けられないことを認めつつ、客観性も意識するというバランス感覚が必要なのです、という何とも曖昧な結論になってしまいました。

だから、もう少し結論を加えると、それらはすべて「子どもに還元される」ことが主眼なのです。恣意性や客観性によって「切り捨てる」わけでなく、恣意性や客観性によって子どもたちのよさを「引き伸ばす」。そのようなフィードバックを意識すれば、恣意性や客観性は大いに結構なのではないかと、そう考えています。

――主体的に取り組む態度は「仲よく」か

学習評価について考えていたある日、僕は教室にある一冊の指導書を手に取りました。それは音楽科の指導書でした。ちょうどそのときは「主体的に学習に取り組む態度」についての評価で悩んでいたこともあり、音楽科の指導書の「主体的に学習に取り組む態度」の欄を見てみることにしました。するとそこには、どの単元にも「〜に興味をもち、音楽活動を楽しみながら、主体的・協働的に学習活動に取り組もうとしている」と書かれていました。僕は思わず笑ってしまいました。これは単なる「同語反復」です。一冊6000円もする指導書における「主体的に学習に取り組む態度」の解釈が、まさかの同語反復だったのです。これでは、読んでいる教師もチンプンカンプンでしょう。「情意面の評価」について悩んでいる教師が多いことを、この指導書をつくっている会社は知らなかったのでしょうか。

その横にあった体育科の指導書も見てみることにしました。すると、そこには別の書き方がありました。単元によって若干の表現のちがいはあるものの、割と頻出したキーワードを見つけました。それは「仲よく」です。

もしかして、と思い、僕はそのまま机の引き出しにある学習指導要領も開きました。すると、音楽科の「主体的に学習に取り組む態度」の学年目標には

> 進んで音楽に関わり、協働して音楽活動をする楽しさを感じながら、様々な音楽に親しむとともに、音楽経験を生かして生活を明るく潤いのあるものにしようとする態度を養う。
>
> （小学校学習指導要領　音楽科　第3学年及び第4学年　1、目標の（3））

と書かれていました。だから、指導書は、この文言から先ほどの「評価規準」を設定したの

でしょう。それにしても「潤いのある生活」とはどんな生活なのでしょうか。

では、体育科はどうでしょうか。次の通りです。

> 各種の運動に進んで取り組み、きまりを守り誰とでも仲よく運動をしたり、友達の考えを認めたり、場や用具の安全に留意したりし、最後まで努力して運動する態度を養う。また、健康の大切さに気付き、自己の健康の保持増進に進んで取り組む態度を養う。
>
> （小学校学習指導要領　体育科　第3学年及び第4学年　1目標（3））

「仲よく」というキーワードを学習指導要領から見つけることができました。これらの文章を読んで、あらためて「情意面の評価」の難しさを実感したのですが、それはとりあえず置いておいて、指導書を出す専門家の方々でもその記述は学習指導要領に沿っていることをあらためて感じました。

まあ指導書側で、その文言の解釈をあまりこねくり回されても学習指導要領とのズレを指摘されるのだろうし、ある程度は仕方のないことですが、それにしても評価規準の文言が、あまりにも学習指導要領のままだと、現場で実際に評価をする側からしてみたら「もっと、参考になるような表現がほしい…」と感じてしまうなと率直に思いました。

では、話を「仲よく」に戻します。

「主体的に学習に取り組む態度」という言葉に「仲よく」という意味は含まれているのでしょうか。国研の参考資料を見ると「主体的に学習に取り組む態度」には「①粘り強い取組を行おうとする側面」と「②自らの学びを調整しようとする側面」という二つの要素から決まると書かれています。

「主体的に学習に取り組む態度」の評価については、それ単体を取り出して評価することは適切ではなく、「思考・判断・表現」と一体的に評価していくという方針はよく聞かれます。しかし実際は、観点別評価としての項目は別個に存在していることから、それ単体でも「評価規準」は存在しているわけで、やはり「別個」で考える感覚の方が自然だと思います（というか「単体で評価することは適切ではない」のならば、そんなものを観点別に評価するのを辞めたらいいのです)。

学校現場は「仲よく」という言葉が大好きです。僕自身はその意味を見出せずに、もう何年も作成していませんが、多くの学級でつくられている「学級目標」にも「仲よく」という言葉は頻出しています。

教育目標が理想で溢れること自体は悪くありません。教育とは理想を追いかける活動であることも認めます。しかし、それが「子どもにとって辛い」ものであるならば見直していくべきでしょう。その視点で考えたときに、僕は「仲よく」という学習指導要領の体育科にある目標には一言物申したいのです。

僕は子どもたちには「合わない人は存在する」と常々伝えています。そして「合わない人とは距離を取る」という処世術も伝えています。これを見て「なんと消極的な指導」と感じる先生も多いかもしれません。しかし、我々大人だって「学校の同僚全員」と「仲よく」しているでしょうか。表面上は「角が立たない」ように振る舞っていますが、それをもって「仲よく」と表現されてしまうと随分と語弊があるように感じます。

指導要録の目標には「誰とでも仲よく」と書かれていますが、そんなことを目標にしてしまってもいいのでしょうか。いや、目標自体は悪くないのかもしれません。しかし、学習指導要領の目標は「評価規準」になるのです。そして、現場の先生はその「ものさし」で子どもたちを評価し、足りなければ「回復指導」をしなければならないのです。

「誰とでも仲よく」できるような「回復指導」は一体どのような指導なのでしょうか。僕にはできる自信がありません。具体的な教室に目をやれば、「声が大きい子・小さい子」「自分の意見をハッキリと言う子・言えない子」「初めての活動でも元気にできる子・様子を見て少しずつ参加する子」と、対立してしまいがちな子どもはたくさん存在します。それらを十把一絡げにしてムリヤリ仲よくさせても、双方の「心理的負担」は増していく一方でしょう。

我々大人は「子どもだから」という理由で「大人にはできないこと」を強要しがちです。しかし、それはあまりにも「子どもへの敬意」が足りません。子どもにだって人格があることを尊重すれば、もう少し「子どもへの指導」も見直せる部分があるのではないでしょうか。

最後に「仲よくなんて言葉一つにこだわりすぎだ」と感じた人がいるかもしれませんが、もし「仲よく」が取るに足らないような意味しかもたないなら、すぐに学習指導要領の中から外すべきです。ただでさえ、その少ない文言からその意味を理解して、指導に活かそうとしているのに、その中に「取るに足りない」言葉が含まれていたら困ります。

——年間を通しての成長が見れない

学習評価の法的根拠は指導要録の存在です。指導要録は通常年度末に作成する法定表簿であり、これを作成していない学校はありません。一方、通知表やあゆみと言われる書類は「学校のサービス事業」であり、法的根拠は一切ありませんし、その書式も学校裁量で決められます（指導要録についても、参考書式はあるものの、各自治体で書式を決めることができます）。つまり本来、学習評価は、指導要録の作成に関わる学習評価だけでいいはずなのですが、通知表という実践が広まっていることで、想定よりも多くの学習評価を行うことになっているのです。

詳しく見ていきましょう。先ほども述べた通り、指導要録は通常年度末に「1年間の学び」の総括として作成されます。なので、学習評価というのは、法的には「1年間」というスケールで行われるものなのです。しかし、通知表の多くは「学期ごと」に作成されます。学習評価自体は「様々な評価材料」をもとに、観点別学習状況を評価し、総括的な評定をするものです。しかし、それが「1年間を通した」ものか「3〜4ヶ月単位の」ものかでは、その内実は大きく異なります。つまり、通知表を作成するという学校の都合のせいで「1年間を通した」学習評価が行いにくい状態になっているのです。

子どもたちの成長というのは、当然「ゆったり」したものであることは、多くの先生が同意してもらえると思います。というか、教育という営みは「促成栽培」にしてはいけないのです。促成栽培的な教育になってしまえば、当然ながら教師は「目標」というゴールに向けて子どもたちを「誘導する」ことになってしまいます。そうやって促された子どもたちに、果たして教師が想定しているような「資質・能力」はついているのでしょうか。仮についているように見えても、それらはメッキみたいなもので、すぐに剥がれてしまうでしょう。

過去に5年生と6年生で2年間、担任した男の子がいました。彼は学習全般がとても苦手で、通知表の評定も三段階で一番下がついてしまうこともありました。しかし、6年生の2学期頃、歴史の戦国時代の単元で急に意欲のスイッチが入ったのか猛勉強を始めて、テストで100点を取るようになりました。当然、2学期の社会の評定は3がついたのですが、驚くべきことに、他の教科も社会科に引っ張られるように伸びていたのです。彼のがんばりは、小学校生活の6年間の内の、「1年間」や「2年間」というスケールでは見られなかったでしょう。「6年生の2学期」での覚醒なので、まさに「6年間」というスケールで学習評価をしないと見えないことでした。

1年間というスパンで見たら見えてくる子どもたちのがんばりも、3~4ヶ月というスパンでは見えないこともたくさんあるでしょう。そう考えると、通知表という存在が、子どもたちの成長を見えにくくしているという視点は重要です。

ちなみに、これはまるで「四半期毎」の成果を株主に求められる上場企業と同じです。

これらの企業は「短期」で「成果が上がる」事業を好むようになり、「長期」だが「その企業独自」の事業が行いにくくなっています。

評価に溢れている現代

こうやって評価についての原稿を書いていますが、評価というのは何も教育の世界だけの話ではないなという話をします。

例えば、僕は今、カフェで原稿を書いています。そこで注文したのは「たっぷりアイスコーヒー　620円」です。「アイスコーヒー　520円」でもよかったのですが、今日は集中して原稿を書こうと決めていたので、カフェでの長時間の滞在が見込まれたため、プラス100円を出して「たっぷり」を注文することにしました。このときに僕は、620円と520円を「比べて」いました。同じアイスコーヒーでしたが、「値段」と「量」を比べたのです。これはまさに「評価」です。現在の僕の状況にあったアイスコーヒーを評価して選びました。

先日、友人が婚約したと聞きました。その友人は「マッチングアプリ」を通じてお相手の方と出会ったそうです。話を聞いてみると、マッチングアプリは様々な個人情報を入力して、それらを検索して「自分と合う人」を見つける仕組みだそうです。これも評価ですね。数多いる候補者の中から、「趣味」や「年収」や「身長」や「顔写真」を比べて評価する。まずは「趣味」というカテゴリーで絞るかもしれません。その絞られた候補者の中から、次は「年収」でさらに絞るのでしょう。最後に「顔写真」や「身長」で、「自分に合う人」を見つけるのかもしれません。

こうやって僕たちは生活の様々な場面で評価をしながら暮らしています。それは些細なことから、人生を動かす大きなことまで、多種多様な場面があるでしょう。しかし、それらの評価で共通的なことは評価とは「比べる」ことであるということです。

このように書くと違和感を覚える人もいるかもしれません。しかし、一つの事象を、それ単体で評価するということを、僕たちの多くはなかなかできないものです。ある事象を評価するということは、過去の経験や、現在並列的に並んでいるものの中から比べることになるのです。

教育の世界に話を戻してみましょう。ある子どもを評価するという場面です。例えば、新年度の引き継ぎで、前年度に担任していたある子どもについての質問を受けたとしましょう。

「あの子は、どんな子ですか？」

この質問に対して、あなたの頭には様々な言葉が浮かぶと思います。「にぎやか」「物静か」「利発である」「鈍感である」。そしてそれらの浮かんだどの言葉も「相対的」であるという点に注目してください。純粋なる「にぎやか」な子どもなんていません。「にぎやか」というある子どもへの評価は、過去にあなたが出会った子どもたちと比べて「相対的ににぎやか」であるということを示しているに過ぎません。「相対的」というのが肝です。つまり、あなたにとって「にぎやか」な子どもは、別の先生にとっては「物静か」だと評価されることも十分にあり得るのです。

僕の同僚のある先生は、前任校が市内でも特に「高学力の児童が多い学校」でした。その学校に通う子どもの多くは「家庭教育の意識の高い家庭」であり、教科書に載っているような基本的な学習内容については、塾や家庭学習で既に学んでいる状態であり、授業は発展的な内容が多かったそうです。一方、現在、僕やその同僚が務める学校は、荒れてはいないものの、そこまで学力が高いとは言えない学校です。しかし、僕からすれば、過去の勤務校と比べて「とても落ち着いており、家庭教育の水準も高く生活指導に苦労しない」という印象です。

そんな僕と同僚では、「子ども観」に大きな相違があります。例えば、教師がいない教室で、授業開始前に児童の多くが座って授業開始を待っていたら、僕だったら「すごい子どもたちだな」と感じます。僕の「子ども観」では、チャイムが鳴ってから座り出すという子どもの姿が普通だったからです。しかし、同僚にとっては「物足りない」そうです。チャイム前に座っているだけではなくて、教科書とノートを開き、筆箱は机の右斜め上に置き、授業内容を予習していなくてはいけないと感じるそうです。

僕と同僚の「子ども観」のちがいは、それまでの「経験のちがい」からきていることは明らかです。「学校文化」という言葉があります。これは、担任の指導力以上に子どもたちに大きな影響を与えています。生活指導が学習指導よりも優先されなければいけないような学校から、生活指導がまったく必要のないような学校まで、同じ自治体の学校でも多種多様な学校があります。そして、どの学校で勤務するかによって、その先生の「子ども観」は大きく変わってくることでしょう。

そして「子ども観」のちがいは、そのまま「評価」のちがいにも影響することは明白です。

現在の学習評価が「目標に準拠する評価」であっても、やはり先生のほとんどは、純粋に「目標」と「子ども」という二つの関係性だけでは、子どもを評価することはできません。過去に受けもった子どもたちと、現在の子どもたちの姿を比べてしまうことは否めませんし、それは必ずしも悪いことではありません。そういう具体的な姿でしか「比べる」ことはできないからです。抽象的な「評価規準」と具体的な「子ども」は比べることができないのです。

大事なことは、そのことに自覚的であることだと思います。自分の「ものさし」には、これまでの人生で大切に育んできた「偏見」が多分に含まれているのではないか。そのことが頭の片隅にあるだけで、評価への向き合い方に誠実になれるかなと、僕はいつも自分に言い聞かせています。

――Bは「おおむね満足できる」ではなく「Aの下」

「目標に準拠する評価」というのは「相対評価」への反省から生まれた評価です。「相対評価」が「集団に対する児童の位置」という側面からしか評価していないことから、子どもたちを「目標」の達成度で評価しようという、学習評価における大きな方向転換です。

しかし、それでもやはり「相対的な見方」からは距離を取りきれていないのではないかと感じてしまいます。「目標に準拠する評価」の観点別学習状況の評価におけるBという評価について考えてみましょう。

観点別学習状況の評価Bの意味するところは「おおむね満足できる状況」です。日本語の語感として「おおむね満足できる」という言葉に否定的なものは感じにくいです。そういう評価をもらったのならば、自分に対して「よくやった」と、多くの子どもは思えるのではないでしょうか。しかし、Bには、さらに上のAが存在します。Aの意味するところは「十分に満足できる状況」です。これは「おおむね満足できる」よりも優れていることは明らかです。

学習評価では、Bの規準を示してありますが、Aについては具体的な姿を示すことはあまりありません。それは、公教育の性質上「すべての子どもをB以上にする」という使命があるからでしょう。つまり、B以上については、もちろん多様な姿が認められるが、そこは子どもたちの実態に応じて現場の裁量を認めるということです。B以上の学びをしていると認められるのならば、Aという評価を与えて、さらに励ましてあげようという気持ちもわからなくはないですが、Aをつくってしまった結果、Bのもつ意味が変わってしまった点に注目してほしいのです。

つまり、Bは「おおむね満足できる」から「Aの下」という意味になってしまったのです。これは、教師側よりも子どもたちや保護者にとってより顕著な現象でしょう。学習評価について十分に知らない子どもや保護者からしたら、Bは「おおむね満足できる」では決してなく、「3段階の真ん中」であり、「金銀銅の銀」なのです。「Aの下」という評価を受け取った子どもや保護者は「どうしたらAになれるのか」を考えるはずです。これは「減点法」的な考え方ですね。「学習をがんばってCからBになった」ではなくて、「Aになれない理由があったからB」なのです。そこにあるのは「否定された」という感覚でしょう。もう「おおむね満足できる」という言葉はそこにはありません。

こうして評価を三段階（中学は五段階）に分けてしまった結果、「目標に準拠する評価」は「相対的な性格」を有してしまっているのです。

ちなみに、Cは「努力を要する」です。一昔前は、通知表の文言にも「がんばろう」がありましたね。でも、「努力を要する」という評価を受けた子どもは「次は、がんばろう」という意欲が湧いてくるのかは疑問です。Cは一番下なので、「もう、いいや」と諦めの気持ちが湧いてくることは致し方ないですし、その効果が、その子の人生に大きな影響を与えるかもしれないことも予想できます。

――同一年齢集団は相対的になる

学級集団に馴染みにくい子どもというのは一定数います。人前で鼻をほじってしまったり、自分の思いを上手に伝えられなかったり、趣味の世界にしか興味がもてなかったりする子どもたちです。そういう子どもをもつ保護者の方にほぼ必ず伝えることは「学校のクラスほど寛容度の低い集団はありません」ということです。

学級と比べて、社会は寛容度が高いなと感じます。社会には様々なコミュニティが存在しており、その中のいくつかでは学級にはいくらなじめなかった子でも、「居心地がよい集団」も必ずあるでしょう。そして、その集団が合わなければ「距離を置くこと」もできます。一方、学級はそうはいきません。学級に所属する子どもたちは、同一年齢集団であり、同じような趣味や関心をもつことが多いため、寛容度はとても低いです。さらに、「距離を置くこと」もできません。その場合は「不登校」というレッテルを貼られてしまいます。多くの子どもにとって、学級という狭い社会こそが「全宇宙」であると感じても不思議ではありません。

さて、そんな歪な集団である学級ですが、そこでは「同一課題」を与えられることが多いのも特徴です。同一年齢集団が同一課題を行えばどういうことが起きるでしょうか。答えは簡単です。「競争」が生まれます。「早くできた者」と「そうでない者」、「多くできた者」と「そうでない者」、「上手くできた者」と「そうでない者」。これらは集団の中の「比較」で決定されます。つまり「相対的」ということです。

当然ですが、異年齢集団であればこんなことは起きません。1年生と6年生が同一課題をして、6年生が早く終わったとしても、そこに対して特別な感情を抱くことはないでしょう。1年生と6年生をつかまえて、その「早さ」や「量の多寡」や「巧拙」を比べることは普通しません。むしろ、それぞれの子どもの「出来栄え」に対して素直に分析できるかもしれません。この姿は「絶対的」にも見えます（過去に見てきた1年生や6年生と比べてしまえば「相対的」ですが）。

つまり、学級での活動は、同一年齢集団に同一課題を与えることが多いという性質上、どうしても「相対的な見方」で子どもたちを見てしまいがちであるということです。しかし、学習評価の世界では「相対的に」子どもを評価することを否定してきました。それは非教育的であると。もちろん、これを否定するわけではありません。「相対評価」の問題点は先述した通りです。でも、だからといって、学級という集団のもつ特性を無視した「相対評価」批判にも疑問を抱きます。学級という集団で教えている以上、「相対的な見方」の呪縛からは逃れられないのではないか。この考えが僕の頭から離れないのです。

分けて考えるという科学的思考と馴染まない教育

科学的思考とは「分ける」ことではないでしょうか。ある事象に対して、様々な切り口に分けて分析をして、考察をする。そうすることで、見えてこなかったものを見ようとします。ある事象は複雑にからまった糸のような状態ですが、その一本一本の糸ならば実験をして分析できる。その分析の集合体を「ある事象」と捉える。エビデンスという言葉もそうですね。特定の条件における特定の事象については、おそらく「確か」らしい。その僅かな「確か」を集めるために、日々、学者の方々は研究を続けています。

そして、この科学的思考は様々な分野に広がっています。もちろん、教育にも。観点別学習状況の評価というのも、このような考えから生まれたものではないでしょうか。つまり、子どもの学びは「分けて」評価することができる、と。しかし、教育の分野に限れば、科学はまだそこまで万能ではない、というのが僕の実感です。いや、立派な学者の方ならできるのかもしれません。しかし、多くの現場の先生に、そのような高度な科学的思考を求めることは難しいのではないでしょうか。

人が人を教育するということは謎だらけだと思っています。教育という営み自体は人類の歴史と同じくらい長いはずです。古くは狩猟採集民の年長者が「生きる術」を子どもに教えたところから始まったのでしょう。食べられる草と食べられない草の見分け方、動物の狩り方、衣服の繕い方などです。そうやって人類は教育を通して繁栄してきました。しかし、そうやって長い年月をかけてきた教育ですが、今だに「完全無欠の教育法」は発見されていません。口頭での説明か、絵などを使った説明か、ＯＪＴのような実地訓練か。様々な手法はあるものの、「科学の法則」や「数学の定理」のような完全なものは、教育の世界にはありません。それは、教育が「人と人との営み」であるからです。

よくする例え話として「意中の人を必ず口説けるデートプランは存在しない」という話があります。十人十色という言葉もある通り、人の感じ方は千差万別なので、無機物や数値のような絶対的な法則なんて存在しません。相手の状態を考えながら、常に手探りで最適解を見つけていくような営みが教育なのです。

しかし、そこに科学的思考が入り込んできました。教育だって「分けて」分析することができるのではないか。たしかに、そういう部分もあるのでしょう。実際、様々なエビデンスが存在しています。しかし、そうでない部分だってあるはずです。アメリカの児童を対象に実験して得られたエビデンスが、日本人の子どもたちにも当てはまるのかはわかりません。部分的には当てはまるような「人類普遍」のエビデンスもあるかもしれませんが、文化のちがいだって考慮にいれるべきなのは明白でしょう。同じホモ・サピエンスであっても、宗教や文化のちがいで思考は大きく異なります。

先日、ある教育心理学の論文を読んでいました。そこの実験の被験者は、論文の筆者である教授が所属している、ある有名国立大学の学生たちでした。僕はそれを読んである疑問が湧きました。

「この実験の結果は、僕の学級の子どもたちにも当てはまるような知見なのだろうか」

有名国立大学に入れる学力をもつ学生で得られたデータは、果たして「人類普遍」の知見なのか。いや「日本人普遍」とも言えるだろうか。科学的思考は「無知を認める」ことで発展してきたと言われています。科学が生まれる前の世界は、「大切なことはすべて教典に記されている」という宗教の世界でした。そこから脱して、「無知の知」を得た人類は科学を発展させることができたのです。しかし、そのことは往々にして忘れられがちです。エビデンスという言葉を使う人の頭には「科学への信頼」はあっても「科学への疑い」すなわち「無知を認める」ことをしません。

同様の指摘を『サピエンス全史』の著者であるイスラエル人の歴史学者であるユヴァル・ノア・ハラリもしています。人間の心の分析は「標準未満」と「WEIRD」に限定されていたというものです。「標準未満」とは意思を疎通させたりする能力が通常の水準に達していない状態の範囲のことで、それらの不完全ながら詳しい地図はもっているそうです。「WEIRD」とは「西洋の、高等教育を受けた、工業化された、裕福で、民主的な」の頭文字を取った言葉です。それを踏まえて以下のように述べています。

ジョゼフ・ヘンリックとスティーブン・J・ハインとアラ・ノレンザヤンは二〇一〇年に革新的な研究を行い、心理学の六つの異なる下位分野の主要な科学雑誌に二〇〇三年から二〇〇七年にかけて掲載された論文をすべて体系的に調査した。すると、論文は人間の心について一般的な主張をしていることが多かったのに、その大半はもっぱらWEIRDのサンプルから得た結果に基づいていることがわかった。サンプルとなった人の九六パーセントがWEIRDで、六八パーセントがアメリカ人だった。

（『ホモ・デウス』ユヴァル・ノア・ハラリ著　河出書房新社　p.193）

教育の学者の方々が書かれている文章を読むと違和感を覚えることがあります。例えば、「できない子ども」への指導についてです。「できない子ども」には、「できるように指導をする」という説明がなされることが多いです。もちろん、そうやって指導をしてできるようになる子どもたちもたくさんいるのでしょう、しかし、現場で実践をしていると、「そんなに上手くはいかないよ」と感じることも、また多くあります。いくら励ましても、いくら支援をしても微動だにしない子どもたちだって、これまで何人もいました。「お前の指導力がないからだろう」という指摘に対しては、僕も反省をしなければいけませんが、そういう事例が学者の方々の文章にはあまり出てこない。失敗事例が「排除された」文章で、現に失敗で打ちひしがれている現場の先生を励ますことなどできるのでしょうか。

科学は世界を豊かにしたことは否定のしようがありません。しかし、科学は万能でもないことを忘れてはいけません。科学の視点は「限定的」であることもあるのです。教育については「科学ではわからないこともたくさんある」という認識は、決して科学の否定ではなく、しかし、科学的思考の過度な信奉には一石を投じることができるのではないでしょうか。

学習評価という考え方には、間違いなく科学的思考が伏流しています。例えば、下位目標の達成を繰り返していけば、上位目標も達成できるというのは多くの先生が信じていることでしょう。でも、人間の学びはそんな機械的なものではない部分もあるはずです。学習指導要領の目標を着実に達成していけば「人格の完成」が待っているという工場のベルトコンベアー的な考え方だけでは人の成長を語れません。科学との距離の取り方は、学習評価を、ひいては教育活動全体に新たな地平を開ける可能性を秘めていると、僕は考えています。

第3章——評価圧力

評価の多様化はできない子どもを追い詰める

「評価の観点が増えると能力主義が加速する」

このような考え方を受け入れられる教師はどれほどいるでしょう。多くの教師は「評価の観点が増えれば、これまで評価できなかった子どもたちも救うことができる」と捉えていると感じます。

つまり、それまで「テストの点数」が取れない子どもたちは「評価できなかった」が、評価の観点が増えることで「テストの点数以外でも評価をしてあげられる」ということなのでしょう。でも、これについては本田由紀がその著書で「ハイパーメリトクラシー」という言葉で懸念をしめしています。

現実には、観点別学習状況の評価を「適切に」運用し続ければ、学習評価において上位に格付けされるのは「学校文化に十分適応できた子ども」となり、「学校文化に不適応な子ども」はいつも低位に格付けされることになってしまうと感じます。

一昔前の学校教育における評価は「テストにおける点数主義」であったと言っても反論する人は少ないでしょう。テストの点数が「評価」においては最も大切であり、テストの点数がそのまま「評定」の数値にも反映されていたようなものです。

日本は欧米とちがって人種間や身分間のような「階層」は「見えにくい」です。もちろん、これは「見えにくい」だけであって、実はどの時代にも歴然たる「階層」は存在していたというのは、今や教育社会学の常識でもあります。しかし、それが「見えにくい」せいで、「努力をすれば誰でも学力は上がる」という「学習への期待感」があります。「同一年齢集団はおおよそ同一程度の能力をもっている」という「誤解」をしている人だってたくさんいます。

ちなみに、アメリカでは学力は知能指数との相関があると広く考えられているそうです。だから、学力の決定要因のかなりは「生まれつきの能力」で考えられているらしい。ジョーン・シングルトンという人は日本の学校を観察して「頑張る」という題名の論文を書いたことからも、日本とアメリカにおける学力の捉え方のちがいを感じ取れます。

だが、その「学習への期待感」は裏を返せば「学力が低いのは本人の努力が足りないからだ」という自己責任論へ転嫁しやすいとも言えます。事実、学校の通知表では一昔前までは

（今でも？）、低位の評定をつけるときに「がんばろう」という言葉を使うことがありました。「がんばればできる」という言葉は、それでもできない子どもを追い詰めるには効果的な言葉ではないでしょうか。

話を戻します。評価の観点が「テストの点数」だけである世界ならば、そこで求められている力は「テストの点数」だけです。もちろん、それでさえ個人の能力には大きなちがいがあり、同一年齢集団だとしても、決して平等な条件ではないのですが、「何を努力したらよい評価をもらえるか」は「わかりやすい」と言えます。

一方、現在の「観点別学習状況の評価」というのは、それと比べると「何をしたらいいのか」が「わかりにくい」です。「知識・技能」はペーパーテストや技能テストで求められている能力を示せば評価してもらえます。しかし「思考力・判断力・表現力等」はどうでしょう。その評価方法の例として参考資料に挙げられているものは、次の通りです。

具体的な評価の方法としては、ペーパーテストのみならず、論述やレポートの作成、発表、グループでの話合い、作品の制作や表現等の多様な活動を取り入れたり、それらを集めたポートフォリオを活用したりするなど評価方法を工夫すること。

（「指導と評価の一体化」のための学習評価に関する参考資料　p.9）

「レポート」の書き方は、授業などであまり積極的な指導が行われているとは言い難いです。「論述」はもってのほかです（少なくとも小学校では見たことがありません）。「発表」には「人前で動じない」ことなどの「性格面」も強く影響することでしょう。「グループでの話し合い」を円滑に進めるためには「様々な他者と有効な関係を築くスキル」が求められますし、「相手の話の内容を受けて応える」というコミュニケーションスキルだって必須です。「作品制作や表現等の多様な活動」については、もはや「こういう練習をすればいい」と言うことさえ不可能です。

つまり「観点別学習状況の評価」をすると、その上位に評価される子どもというのは「学校文化に十分に適応できた子ども」となります。これはドラえもんで言えば出木杉くんみたいなキャラクターをイメージしてもらえるとわかりやすいです。のび太くんだって「テストの点数」だけであれば、まだ努力をすれば何とかなったかもしれませんが、「全人格的に学校文化へ適応する」という課題の達成は、いくらドラえもんの秘密道具があったとしても、難しいかもしれません。

さきほどから「学校文化への適応」という言葉を繰り返し使ってきました。ここでその内実を詳細に語ることはしませんが、いくつか例を挙げて考えてみることで、そのイメージを共有しておきたいと思います。

例えば「自分の考えを相手に的確に伝える」という力は学校の授業ではよく求められます。しかし、すべての子どもがこの能力をしっかりと身につけているかと言われれば、そんなことはないでしょう。このような力というのは、幼少期、保護者から繰り返しそういう場面を「意図的に」つくられてきた子どもたちが、その中で能力を開発してきたと考えることもできます。

家の中を走り回っている子どもに対しての保護者の反応で考えてみましょう。

保護者Aは「どうして家の中で走り回ってはダメだと思う?」から始まり子どもの反応をしっかりと受けとめてから「家の中で走ると家のものが壊れてしまったり、あなたが怪我をしてしまうかもしれないからダメなのよ」と丁寧に子どもに伝える。

保護者Bは「おい、走るな！」とだけ言っておしまい。

両者の「育てられ方のちがい」というのは、子どもの「自分の考えを相手に的確に伝える」能力の開発という側面から見たときには大きなちがいがあるだろうことは想像に難くないです。ピカピカの1年生の入学式の時点で、子どもたちには「6年分」の「家庭教育の差」があることを考えると、様々な評価規準で評価することによって、その「差」を強調してしまうような結果にならないかと考えてしまうのです。

目標にとらわれない評価

学習に目標を設定するというのは、子どもたちを導くためのロードマップが可視化されるということで、指導者としてはやりやすい部分があるのは事実です。それはまるで自動車工場のように、下位目標から順に目標を達成していけば、上位目標までが達成できると、そういう考えが根底にあるようです（工学的アプローチ）。

しかし、目標を設定してしまうことによって失われてしまうこともあるのではないでしょうか。それは「到達度目標」での課題でもあった「目標の外側にある豊かな学び」などです。それへの克服を狙った「目標に準拠した評価」における「スタンダード準拠評価」についても然りです。結局、子どもの学びの目標を「言葉で記述した」時点で、それ以外の価値が途端に見えにくくなってしまうのではないでしょうか。

人はゴールに到達したら、そこでモチベーションは一気に下がってしまうものです。マラソン選手はゴールテープを切った瞬間に、その場で倒れ込んでしまうことが多いですが、あれは、ゴールという目標が達成された、その瞬間にすべての力が抜けてしまうからでしょう。でも、学びはマラソンのようにゴールがあるわけではありません。目標が達成できたからといって、そこで学びが終了するなんてあるはずがありません。

しかし、評価規準という明確なゴールがあれば「十分満足できる」という評価を得た子どもには、それ以上の目標がない状態になります。これは、教師側も同様です。目標に対して「十分満足できる」となった子どもをそれ以上、構っている時間などなく「努力を要する」子どもに個別指導をしなければなりません。

子どもたちの学びには無限の可能性があると感じているのは僕だけではないでしょう。教室での学びは、評価規準や教科書だけでは規定できないはずです。今なら「一人一台端末」だってあります。そこからインターネットの世界へ飛び出せれば、学びはどんどん深まっていくような環境は既に用意されているのです。

子どもたちは興味があれば、休み時間にも「学び続ける」ことはよくあります。僕は、それを見て「休み時間だから休んだら？」と提案するのですが、子どもたちはその提案を聞いてくれません。まさに「没頭状態《ゾーン》に入った学習者」の学びにはゴールがないのです。そんなときに「時間割」の存在がなんとも、もどかしく感じてしまいます。

目標を突き破る子どもがいれば、目標の外側にいる子どもだっています。その日の目標とはちょっとちがうけど「それでも興味をもってしまった子ども」も出てくることがあります。例えば、歴史の勉強をしていて「奈良の大仏」を扱ったとしましょう。本時の目標は、

（2）（イ）大陸文化の摂取、大化の改新、大仏造営の様子を手掛かりに、天皇を中心とし

た政治が確立されたことを理解すること。(小学校学習指導要領　p.58　※傍点筆者)

ではありますが、ある子どもは、どうしても「大仏」に興味をもってしまった。その子は、授業での「調べる時間」に「大仏造営の方法」を調べ、その大仏には「東大寺盧舎那仏像」という名前があることを知りました。

その子のそのときの感動と共に書かれたレポートに「A」はつかないかもしれません。なぜなら、「天皇を中心とした政治が確立された」という面の記述が少ないからです。でも、その学びの姿勢はまさに「主体的な学習者」です。そういう「突き破り方」を僕は評価したいのです。

そして、同時に「目標に準拠した評価」はそれを阻害してしまわないだろうかと懸念してしまいます。学習評価の結果、「目標からのずれ」を教師から指摘されて「軌道修正」をかけられた子どもの学習へのモチベーションはおおいにしぼんでしまうでしょう。

これは学びの矮小化です。学びが「学習指導要領の目標を達成」することに矮小化されてしまっています。もちろん、その積み重ねが「人格の完成」へ繋がる道なのかもしれません。

しかし、先ほども述べた通り、学びに終わりはないし、当然、「人格の完成」にも終わりはないでしょう。

多くの人は、須く、成熟するための学びを死ぬまで続けることになります。その意味を、繰り返される「学習評価」で忘れてしまうことはないでしょうか。「この単元の目標はこれです」「はい、十分に満足できます」を6年間繰り返した子どもの、学ぶことへの内発的な動機付けはどうなるのでしょうか。「評価される」という「ごほうび」に飽きてしまった子どもは学ばなくなってはしまわないのだろうかと危惧してしまうのです。

スクリヴァンという人はまさにこのことを指摘して「ゴール・フリー評価」という考え方を示しています。スクリヴァンがよく使う例え話としては、次のようなものがあります。

> 「形成的評価」は、料理人がそのスープを味わっていることであり、「総括的評価」はお客さんがそのスープを味わうことであると。

料理人が自身のこだわりのスープにかける情熱はすごいものがあるかもしれません。それはこれまでの料理人生活の中で何度も何度も試行錯誤をしてきた中でつくられた味なのでしょう。しかし完成したスープは料理人の手を離れ、お客さんによって評価されます。このとき、お客さんにとっては、そのこだわりのスープにかけられた料理人の情熱などまったく関係がありません。いや、むしろ、そこにかけられた料理人の情熱を事前に知ってしまえば、料理の味に影響を及ぼすかもしれません。多くの人は行列に並んで有名店の料理を食べるのが好きですから。

これは、商品管理者と消費者との関係でも語ることできます。商品管理者の自社商品に対する愛着は、消費者にとっては関係がなく、消費者はただその商品の出来具合のみで商品を評価すればいいのです。

つまり「目標に準拠した評価」の要である「形成的評価」は、子どもの活動を「目標との関係」でしか捉えられなくなってしまうということです。その場合「思わぬ結果」を見過ごしてしまうとスクリヴァンは警鐘を鳴らしています。教師にとっての「学習指導要領」はたしかにとても重みがあります。無視してよいものではありません。そして、そこからつくられた「評価規準」も同様です。しかし、そこにのみ「とらわれて」しまえば、子どもたちの学習で「何が起こったのか」を捉え得る視点がとても狭くなってしまいます。
「ゴール・フリー評価」についてスクリヴァンは以下のように定義しています。

> このゴール・フリー評価の純粋な姿においては、評価者はそのプログラムの目的を知らされておらず、そのプログラムが何を意図しておこなわれたかではなく、実際にどのようにおこなわれたのかを明らかにするために、評価をおこなうことである。
>
> ※傍点は筆者

つまり「教師」は、「料理人」でも「商品管理者」でもなく、「スープを楽しむお客さん」であり「たまたまその商品を手に取った消費者」のように、子どもたちの学びを評価しようということをスクリヴァンは言っているのです。

――「工学的」か「羅生門的」か

学習評価にありがちな難解な用語がまたまた登場しましたので、少し解説をしていきます。

これまで述べてきたスクリヴァンの「ゴール・フリー評価」や、先述したアイスナーの「教育鑑識眼」という考え方は、一般的目標から構想された授業における「即興性」を大切にし、その場での子どもの学びを「ありのまま」で捉えることができる「教師の質的向上」を目指している立場です。

このようなモデルを米国イリノイ大学の（J・M・Atkin）アトキンは「羅生門的アプローチ」だと提案しました。これは、黒澤明監督の映画『羅生門』から命名されました。この映画に出てくる登場人物が、それぞれの立場から出来事を解釈している様子から使われたそうです。

「羅生門的アプローチ」においては、学習活動の結果を、できるだけたくさんの記述で評価していきます。実践の中盤では「形成的評価」をせずに、実践後の記述と一般的目標を照らし合わせて、実践の内容を評価します。

学習評価の参考資料などを読んでいると「教師は、子どもたちの学習状況のすべてを把握している」ことが理想であるかのように感じることがあります。しかし、これは果たして「理想的な」状況なのでしょうか。

子どもたちは、教師が感じている以上に「教師からの視線」を感じています。そこに含まれる「期待」や「願い」や「不安」や「焦り」を子どもたちは読み取り、子どもたちは自身の行動を決めている部分は多いのです。特に「真面目な子」、言い換えると「学校教育に順応している子」はそれが顕著です。

「今、先生はこれを望んでいるから、これをしよう」

「自由に書いていいと言われたけど、先生は前に〇〇と言ってたから、□□と書こう」

「一人ぼっちのあの子を先生が心配そうに見ているから、私があの子に話しかけよう」

子どもたちは教師が意識している「目標」を感じ取る力があるのではないでしょうか。だから僕は「あえて介入しない」という教育実践を選択することが多いです。それは「先生側の意図」を感じ過ぎてしまう子への「配慮」なのです。

「学校教育に順応している子」たちが、そこから解き放たれて、一人の人間として主体的に学習活動と向き合うためにはそのような配慮が必要なのかもしれません。これは「学校教育の殻を破る」とも表現できます。文部科学省が作成している『生きる力　学びの、その先へ』というパンフレットには、このような記述があります。

> これからの社会が、どんなに変化して予測困難になっても、自ら課題を見付け、自ら学び、自ら考え、判断して行動し、それぞれに思い描く幸せを実現してほしい。
> （文部科学省　『生きる力　学びの、その先へ』　パンフレット）

「予測困難」な社会で「それぞれに思い描く幸せを実現」するためには「先生の予想を超えていける子ども」を育てないといけないことは明白です。しかし「教育目標」や「評価規準」という型通りの学びをすることを期待されている子どもたちに、その力を求めてしまうのは、いささか理不尽にも感じます。

先生は「おせっかい」な方がいいです。それ自体は悪いことではありません。教育というのは「何を学んだらいいかさえわからない」ような「弱者である子ども」を想定しているからです。そのときの指導者の基本姿勢は「おせっかい」くらいが望ましいです。

しかし、あれもこれも「指示して指導して支援して」をされてしまうと、さすがに子どもの方でも「先生からの指示を待とう」となるのは自然な判断ではないでしょうか。勝手に動いても「軌道修正」をかけられてしまうのですから。でも、子どものそのような「適応」は、とても教育的とは言い難いです。

先生には「忍耐力」も必要なのでしょう。子どもがどちらに進んだらいいかわからないときに、急かすように声をかけるのでもなく、少し離れたところから、その子どものする判断を見守るような、そんな「忍耐力」です。

しかし、これには時間がかかります。「目標規準のチェックリスト」を片手に指導しながら「待つこと」には強い精神力が求められます。次にさせることがリストにあれば、先生はどうしてもそちらへ「誘導」してしまいたくなる衝動を抑えられないでしょう。

でも、教師の力とはやはり最終的には「子どもを待てるかどうか」ではないでしょうか。「おせっかい」と「忍耐力」という、相反する力が求められるが、どちらも忘れてはならないことなのです。

（『困難な成熟』内田樹著　夜間飛行　より一部引用）

繰り返しますが、「目標に準拠した評価」という考え方には、この点が抜け落ちていると感じます。子どもたちの学習状況を評価規準に則り、適宜、評価していくということは、先生は常に子どもたちを「評価規準というものさし」で測っている状態であるともいえます。自分に常にあてがわれている「評価規準というものさし」を窮屈に感じてしまう子どももいるはずです。

「目標に準拠した評価」のようなモデルをアトキンは「工学的アプローチ」と提案しています。これは、一般的な目標から「特殊目標」を設定し、さらに、より「具体的な行動目標」までを一つの工程のように捉えていることからきています。

「工学的アプローチ」においては、教材の精選と配列が大切にされています。授業の合理化が主眼であるため、そのときの子どもの活動や教師の行動はすべて「目標に適っているか」

という視点で点検されます。それはまるで自動車工場のようにも見えます。細かい部品から順に組み立てていき、最後には車ができあがるというイメージと近いです。

しかし、どちらが良い悪いという二項対立では語りきれない部分もあります。先述した通り、「羅生門的アプローチ」には「教師の質的向上」が必須です。創造的授業における学習活動を実践していくためには、数多くの経験やアイスナーの「教育批評」のような、教師側の絶え間ない研究と修養が不可欠です。

一方、「工学的アプローチ」はそこまでの「教師の質」を問いません。「決められた手順」を意識して、そこからはみ出さないように授業をしていけば、一定の効果が得られるのです。しかも、それは全国で同じように実践されており「信頼性」もあります。これは「教員養成」という視点から見れば非常に効果的でしょう。実際、現在の教育現場には多数の経験年数の浅い若手教員がいます。

「工学的アプローチ」の中で「教育批評」を繰り返し、自身の「教育鑑識眼」を高めていく中で「羅生門的アプローチ」にチャレンジしていく。そのように、自身のキャリアを形成していくという視点が大切なのかもしれません。

「評価材料」の材料集めに追われる

学習評価には「信頼性と妥当性」が求められるとはよく言われます。集団の中の位置づけである「相対評価」とは異なり、「目標に準拠する評価」では「どうしてその評価なのか」を、対外的に説明できなければいけないからです。「相対評価」はその点で教師側の負担はとても少ないです。子どもたちの学びを「同一のものさし（ペーパーテストの点数など）」で測り、序列化して、格付けをしたらいいだけだからです。

一方、「目標に準拠する評価」の場合は、「集団の中の位置づけ」は関係ありません。子どもたち一人ひとりの学びが、目標に対して達成できているかを評価しないといけません。そのときの判断材料になる資料が「評価材料」と呼ばれます。

この「評価材料」は何でもよいわけではありません。教師だって人間ですので、どうしても偏った見方をしてしまいます。例えば、席が前方の子どもの学びはよく見えますが、後方の子どもの学びは見えにくいですし、自分に好意的な子どもと反抗的な子どもでは、同じ活動をしても見え方が変わってしまうでしょう。そういう「評価者の恣意性」をなるべく排除したようなものが「評価材料」としては適切です。例えば「同一活動」などは扱いやすいでしょう。

そして、この「評価材料」は多ければ多い方が評価の信頼性も増します。たった一つの活動の結果のみをもって、子どもの学びを評価しましたということを言われても納得できる人は少ないはずです。では、いくつあれば納得感のある評価を行えるでしょう。一つでは足りませんが、三つならどうでしょうか。五つの方がより納得感はあるでしょう。では、七つ集めている先生が隣にいたら、あなたの評価は「恣意的」であることになるのでしょうか。その「適正な数」については、もちろん、国研の参考資料には提示されていません。

こうなると、真面目な学校の先生は「材料集め」に追われてしまうのではないかと思うのです。しかし、先ほども述べた通り、「評価材料」は何でもよいわけではありません。「同一活動」などの条件が存在します。すると、学習活動における「査定の場」が増えてしまいかねません。まさに「評価のための学習活動」ですね。

その結果、納得感のある評価ができたとしても、その過程は「学習よりも査定」になってしまってはいないでしょうか。正直に言えば、僕だって自分の学習評価に対して「信頼性と妥当性」が担保されているかと問われれば自信がありません。そして、そういう自信のなさに対して「保護者に説明できる評価材料を」と言われれば、それは教師への圧力となってしまうことは自明のことではないでしょうか。

第4章——持続可能な評価を目指して

――テストという名の個別支援

とかく悪者にされがちな「テスト」ですが、実は僕は、この「テスト」を活用して個別支援をしています。テストというのは「1回きり」で「試験方法は平等でなければならない」という「思い込み」から脱却できれば、割と有益な部分もあるというのが、僕の考えです。今回は具体例として「体育科の実技テスト」と「国語科の漢字テスト」を紹介します。

●体育科の実技テスト

僕のクラスの体育科の実技テストは、単元の序盤から始めます。多くのクラスでは単元の終盤に「総括的な評価」として実施して、それが成績をつけるための材料にされることが多いでしょう。しかしそれでは「テストの結果」を「指導に生かす」ことが難しくなります。そこで、「形成的な評価」として単元の途中で「テスト」を実施してしまうのです。すると、そこでの評価結果が次時以降の指導で生かされることになるのです。このように捉えると、テストというのは「格付け」ではなく「指導の材料」であるということを改めて感じることができます。

子どもたちは先生に「見てもらう」ことが大好きです。特に体育科や音楽科などの「実技」を伴う教科の場合、「自分の出来」が気になるのか、単に「先生に見てほしい」だけなのか、僕が歩き回っていると呼び止められることが多くなります。そこを「テスト」の時間にしてしまうのです。

「テストになると緊張して実力が出せない」という子どもは一定数いるでしょう。しかし、これも「雰囲気次第」だと言えるかもしれません。テストによっては「何度もテストを受けることができる」や「テスト後に先生から上達ポイントを伝えてもらえる」というシステムがあれば、それは「緊張して実力が出せない」というものではなくなるはずです。

特に体育科での指導は「全体指導」よりも「個別支援」の方が有効なことが多いです。身体感覚や身体運用の方法は人によってちがいますし、ある子に有効な声かけも、別のある子には効果がないということもよくあります。これは前に書いた斎藤喜博の例が顕著でしょう。だから、体育科では極力全体指導の時間を短くすることを意識しています。場の使い方や、基本的な身体の動かし方、注意点などを簡単に確認したら、すぐに実技をさせて、先生は名列表を手にウロウロと歩き回って、子どもたちから呼び止められるのを待ちます。子どもたちは少し練習して「自信があれば」すぐに呼び止めてくれます。すると、その場でテストが始まるのです。

例えば、これを執筆中の現在は「マット運動」を教えています。マットを体育館にたくさん敷いて、「坂道エリア（後転練習用）」や「ロングマットエリア」や「連続技練習エリア」などの複数の「エリア」をつくり、それぞれの使い方を説明します。その後、子どもたちは自分が練習をしたい場所で練習を始めています。

体育科では子どもたちの「意欲」が最も大切であることは誰もが感じていることだと思います。そして、人が「意欲」を引き出せるときというのは「自分で選択した」ときではないかと僕は考えています。先生はとても親切なので、ついつい「すべての動きを経験させてあげたい」という親切心から、「そういうシステム」をつくってしまいがちです。しかし、子ども側からするとそれは「おせっかい」になってしまうこともよくあります。

イギリスのことわざに「馬を水辺に連れていくことはできても、水を飲ませることはできない」という有名なものがあります。子どもたちを効率よく「水辺に連れていく方法」よりも、子どもたちが自ら「水を飲みたくなる方法」を考えてみましょう。先ほどのマット運動だったら、授業の中で突然「連続技テストタイム！」というアナウンスをしてみます。すると、「見せたがり」と「やりたがり」の子どもたちが集まってきます。これを定期的に各所ですれば、「坂道エリアで練習を積んで、あとで見てもらおう」と考える子どもも現れます。そうして、子どもたちは「テストとの向き合い方」を「主体的に考える」ようにもなっていきます。

テストの時間は一対一の濃密な「個別支援」の時間でもあります。その子の「よい点」と「おしい点」を伝えて、「改善方法」をアドバイスします。学校の授業は基本的に40対1なので、個別指導というのはできないものです。だからこそその「基本は個別練習」で「テストで個別支援」というシステムを採用しました。テストの結果は「更新制」です。つまり「よりよい結果」が出れば書き換えられます。これもまた、子どもたちの意欲を掻き立てます。意欲が掻き立てられすぎて、何度もチャレンジをしたがる子も出てきてしまうので、制限を設けることもあります。

このようなシステムを採用するときに注意が必要なのが「全員をしっかりと見れているか」

だと思います。手元には常に名列表があり、そこにテストの結果を書き込んでいくので、「あまり見れていない子ども」は常に把握しておきましょう。そして、目の端でその子の動きを意識的に見ておきます。その子が何を練習しようとしているのかを知っておけば、ふとしたタイミングで声をかけることもできますし、その子がいるエリアで「テストタイム」を開くこともできます。もちろん、強制にはならないように注意が必要ですが。

このようなテストの形を模索することで「テストの結果がそのまま指導に活かせる」という「指導と評価の一体化」が実現できるのではないかと考えています。

●国語科の漢字テスト

僕のクラスの、国語科の漢字テストでは「進級式」を採用しています。これは、漢字ドリル付属の「漢字テスト」を用いて、そこに振られている「通し番号」を「級」に見立てて、「1から順に受けていく」というものです。「満点が取れたら次の級を受験できる」、「テストは1日に1回だけ」というルールです。国語科の時間の冒頭10分を利用して、テスト→採点→返却のすべてをしています（詳しくは拙著『居心地の悪くないクラスづくり』を参照）。

ところで、漢字テストの目的とはなんでしょうか。僕は「漢字を覚える」ことだと思っています。しかし、多くの学級で行われている漢字テストはその目的が「格付け」ではないでしょうか。以前、保護者から漢字テストについて次のようなことを言われたことがあります。「娘はこれまで一度も漢字テストで100点が取れたことがありませんでした。しかし、めがね先生のクラスになって、同じ漢字テストを何度もチャレンジできるようになって、初めて100点が取れたと喜んでいました」

同じテストを複数回受けるということに違和感を覚えてしまう人は、「テストとは格付けのために行われる」という意識がかなり深く内面化しているのではないでしょうか。たしかに、子どもたちを序列化することが目的の「選抜テスト」などでは「同じテストを複数回受ける」ということはあり得ません。しかし、学校で行われるテストはそのような目的ではありません。だから、何度も同じテストを受けたらいいのです。本人が「もう覚えたよ！」と言えるまで、何度でも受けたらいいのです。

進級式の漢字テストでは、子どもたちは「自分のテスト」に集中するようになります。なぜなら、周りとは進度が異なるからです。比べようにも隣の子はちがうテストをしています。子どもたちは「昨日の自分」よりもよい点を取るためにがんばります。そして100点を取れば、翌日はちがうテストが待っています。また、新しい漢字の覚え直しです。「昨日間違えた漢字はどこだっけ」「今日もあの漢字を間違えてしまったから勉強方法を変えてみようか」「昨日は90点だったから、一つだけ漢字を覚えよう」。子どもたちはテストの結果から、自分の勉強法を見直すことになります。これこそ、まさに「主体的に学習に取り組む態度」の指標でもある「自らの学習を調整しようとする側面」ではないでしょうか。繰り返し同じテストをする中で、こちらが声かけをしなくても子どもたちは、自らの学びを調整する術を会得していくのです。

すべての単元末テストでこのような取り組みは時間的にできませんが、「繰り返しテスト」は他教科でも実施することが多いです。「知識・技能」の習得という側面であれば、「繰り返しテスト」にはかなり効果があります。

テストは点数が付いてしまうから苦手という意見は子どもにも大人にも多いですが、点数というわかりやすい指標は「成果が見えやすい」という側面もあります。あくまで「形成的な評価」と割り切って、「これらの点数は成績を決める材料にはしない」と子どもたちに宣言することで、子どもたちが学習を調整する材料としての効果を高めてみましょう。そうなれば、「20点」は単なる「低い点数」ではなくて「80点分の学び直しがある教材」とも考えられますよね。

本校では業者テストを購入しているため、「教科書付属テスト」を「繰り返しテスト」として利用することもあります。「総括的な評価」用のテストがあれば、それ以外は「形成的な評価」として「繰り返しテスト」としての活用も考えてみましょう。テストを積極的に学習計画に入れていくことで、子どもたちの学習との向き合い方にも変化が見られるでしょう。

――提案　一部相対化という歯止め規定

「目標に準拠する評価」は教育的であり、「集団に準拠する評価（相対評価）」は非教育的である、という考え方は学習評価の世界では常識のようです。

たしかに「集団内で数値の配分があらかじめ決まっている」というのは「教育の可能性」

を否定しているようです。子どもたちがどれだけがんばっていても、その中で「よりできた子」と「よりできない子」を選んで「3」や「1」をつける（小学校は三段階推奨、中学校は五段階推奨）というのは違和感が残ります。

しかし、僕は「目標に準拠する評価」の「適切な運用」はかなり難しいのではないかとも考えています。それは2章の事例3でもあげたとおり「各学級によって評定の割合」が異なるという事例が端的に表しています。つまり「教えるのが上手な先生」の学級には「3」が多く、「教えるのが苦手な先生」の学級には「3」が少ない、ということを、それぞれの先生や子どもや保護者が受け入れられるのかという問題です。

これは現実的にはずっと存在していた問題です。そもそも「教えるのが上手」などという「客観的な指標」はありません。誤解を恐れずに言えば、これは「相性」だったり「人間関係」の問題でもあります。つまり「新任の先生」だって子どもたちと「信頼関係が築けていれば」その授業の子どもたちの「『満足度』は高い」でしょう。一方、「ベテランの先生」だって子どもたちと「信頼関係が築けていなければ」その「『満足度』は低い」はずです。

ここでは「満足度」という言葉を使いましたが、教員評価でよく用いられる指標として「授業アンケート」の結果を持ち出す管理職は多いです。それは子どもたちに「授業への満足度を問う」ものです。これこそ現場にいるものが「授業の出来を客観的に数値化して評価する方法はアンケートくらい」だと認めているようなものでしょう。これは授業や教育が「人間同士の営み」である以上は仕方のないことです。

もちろん「目標に準拠する評価」の場合は、学習指導要領からつくられた「評価規準」をもとに評価を行います。しかし、これも「知識・技能」以外は「量的な評価」が難しく、その多くは「質的な評価」になります。「質的な評価」に対しては「妥当性・信頼性」を担保するのが困難であるというのが僕の考えです。

妥当性・信頼性を担保することが困難である場合、その評価の実態はどうなっていくでしょうか。教育というのは「わかりにくい営み」だなと常々思っています。何をしたら「教育として正しいのか」がわかりにくいのです。それが計量可能であれば、そこばかりに教師の意識が向いてしまってもおかしくありません。例えば、2章の事例1で紹介したように「テストに寄せた授業」というのも横行してしまうでしょう。少なくともテストの点数が取れていれば「知識・技能」という観点はある程度達成できたと「見える」からです。

「思考・判断・表現」や「主体的に学習に取り組む態度」はどうでしょうか。「質的な評価」については、子どもたちの「実態」もさることながら、教師側の『解釈』もかなり大切になってきます。ここでは「見取り」ではなく『解釈』という言葉をあえて使いました。「解釈」には、より主観的なニュアンスが含まれるでしょう。「子どもたちに少しでもよい評定をつけたい」や「隣のクラスの上手な先生の評定割合に近づけたい」などの教師の願いは、その「解釈」をかなり歪めてしまうことさえ容易に想像できてしまいます。

そうなってしまうことも責めることができない理由として、現場の先生の多くは、学習評価に対しての知見を深める機会が圧倒的に少ないという現状が挙げられます。現実問題、日々の授業を「こなして」いくだけの教師がほとんどでしょう。定時が過ぎた時間になって、ようやく仕事が一段落したところで、「さて、明日の授業は何をするのかな…」と指導書を開く先生が多いはずです。

少し話が逸れますが、朝8時過ぎから子どもたちが登校してきて15時30分頃の下校までは、教師は「自己研鑽」などできません。子どもたちの下校後には、打ち合わせや会議や研修や保護者対応などで「休憩時間さえ取得できない」という有様です。こんな教師たちに「学習評価についてもっと学びなさい」と、言うことは難しいでしょう。

「担任ガチャ」という言葉があるそうです。たしかに、学級担任制である小学校においては「1年間のほとんどの授業」を担当する教師は非常に重要であることはわかります。しかし、問題は、それを「数値である評定」にまで及ぼしてもいいのかということです。子どもたちの「授業への満足度」についてはある程度は仕方のないことです。しかし、隣のクラスには「評定が3の子ども」が「クラスの半分」くらいで、我が子のクラスには「評定が3の子ども」が「いない」という状況については、多くの保護者は納得できないでしょう。それらの保護者感情はやはり教師の「解釈」に影響を与えるはずです。


評定は先述の通り「対外的証明」という効果があります。中学受験では評定値を参考にする事例もあります。その値には「一定の歯止め」が必要だというのが、今回の提案です。

それは「一部相対化」という考え方です。相対評価への批判として「できない子を無理やり見つけて、必ず1をつけないといけない」ということをあげる意見があります。たしかに、できている子どもたちの中で「相対的にできていない子ども」を見つけて「評定の1」を付けるのは非教育的でしょう。

「一部相対化」は下位の評価については「目標に準拠する評価」を採用します。つまり「評価規準」を達成できていれば「評定の1」の子どもは存在しないことも十分にあり得ます。これは教育の可能性を認めているとも言えます。なぜなら、我々の授業の目的には「できない子をできるようにする」というものもあるからです。「できない子」たちへの支援こそ教育の本質でしょう。教育は本質的に弱者支援であるべきなのです。

一方、上位層の「評定のインフレ」については「歯止め」が必要だと考えています。担任間の指導力の差は歴然として存在しますが、それを「可視化」させないという方策は少なくとも私立とちがって「えらぶ」ことができない公教育では必要でしょう。

塾には「人気講師」が存在します。人気講師の授業を受けられる生徒には限りがあるため、その授業を受けるためには、高い倍率のくじで当たるか、一定の学力が必要だというのです。

学校にも「人気教師」は存在します。しかし、こちらは公教育ですので、市場の原理は適用しませんし、してはいけません。一部地域では「競争原理」を導入する中で、子どもの集まらない学校を統廃合対象にして予算を節約しているという話も聞きましたが、教育への市場原理の導入は「弱者切り捨て」を意味します。これは、先ほども触れた通り、教育の本質である弱者支援とは逆の考え方になります。

「評定の3」をたくさんくれる教師。これを認めてしまうことで、「人気教師」や「教えるのが上手な先生」が「意図的につくられる」ような事態には歯止めをかけるべきなのです。それは評価が教師の「解釈」によって大きな影響を受けてしまうものだからです。いや、学習評価自体はそれでも仕方ありません。人が人を評価するというのは「恣意的な」ものです。しかし、「対外的証明」機能をもつ「評定」については「歯止め規定」を設けた方が双方にとって安全ではないでしょうか。

国語算数理科社会の評価

ここからは「評定の一部相対化」という考え方をもとに、各教科の評価をどのようにしていくかを提案していきます。実は、この「一部相対化」というルールを採用するだけで、学習評価にかかる時間は随分と短くなります。

このように書くと「子どもたちへの評価はもっと時間をかけて大切にしないといけない」

という声が聞こえてきそうですが、僕は「通知表作成時期の跳ね上がる残業時間」を見過ごすわけにはいかないのです。

学校の先生が一番忙しい時期はいつかと問われれば「4月」と「学期末」でしょう。「新年度の書類作成」と「慣れない環境」に忙殺される「4月」と、「通知表作成」に追われる「学期末」です。学校の先生は、もう「そういうものだ」と思われているかもしれませんが、その残業時間で失うものは計り知れません。

実際、現場には「蜘蛛の糸」のようにギリギリの精神で働いてこられた先生が、学期末を迎えて、その通知表作成の莫大な仕事量を前に「心が折れてしまう」ということはあります。その先生の学級を引き継いだ先生は、その先生がために溜め込んだ「未採点のテストとプリントの山」を見て驚くという話は一つや二つではありません。そんな働き方はとてもリスキーです。僕自身だってやはり「学期末」は少し憂鬱になります。それくらい「通知表作成」の「成績処理」というのは気の使う仕事なのです。

「評定の一部相対化」は「評定値のインフレ」への「歯止め規定」です。つまり、相対化の対象は「上位」であり、「下位」についてはあくまで「目標に準拠する評価」による評価です。

これまでも述べてきた通り「目標に準拠する評価」というのは、あくまで子どもたちを「認め励ましていく」評価であり、「格付け」のような評価ではいけません。観点別評価でCという評価を一時的には付けたとしても、その子どもには「回復指導」がなされることが想定されており、その結果としてCはBになる余地が十分に残されています。

むしろ、これも繰り返しになりますが、Cのままで「放置」をすることは非教育とも言えてしまいます。教師は、子どもをCと評価した以上は、何かしらの手立てを講じてBへと変容を遂げさせることが必要でしょう。Cの評価の子どもをBの評価へと変えるための手立ては国研の参考資料にもたくさん例示されています。

では、上位の評価の話をします。まず前提として「学年」、理想を言えば「学校全体」での「一部相対化への理解」が必要です。そうでなければ「歯止め規定」の効果がまったくありません。ただし「学校全体」の理解となりますと、それは管理職をはじめ、大掛かりな調整が必要になるので、最低ラインとして「学年」での共通理解はしておきましょう。

ただ、それでさえできない学年もあるかもしれません。「目標に準拠する評価」というのは定められている制度です。その場合は、事例3のような形にはなりますが、「こちらが揃える」という方法もあります。「大体、どれくらいの子どもに評定3をつけましたか」と聞いてしまいましょう。学級間の差がなくなるだけでも、ある程度の公平感は保てます。

公平感なんて必要ないという考えもあるかもしれませんが、逆に言えば「自分の下す評価」に絶対の信頼を置いている先生はどれほどいるのでしょうか。学習評価については及び腰の先生が多いでしょうし、少し学習評価をかじった僕だって、自分が下す評価に完全なる「信頼性」と「妥当性」があるなんて思っていません。それならば、せめて学年くらいは「一部相対化」による「ものさしを揃える」ということがあってもいいのではないかと思います。

そもそも「目標に準拠する評価」「相対評価」の目指すところが難しすぎた。これには多くの先生が同意してもらえると思います。「相対評価に戻そう」というつもりもありません。苦手な子は「救いつつ」、「評定値のインフレ」を抑えて、先生方の「負担も軽減」したい。よりよい提案はいつでもTwitterのめがね旦那まで教えてください。僕も毎日指導をしながら模索をしている段階です。

学年での「一部相対化」への「共通のものさし」ができれば、あとは自分のクラスの学習評価です。指導の途中で行う「形成的評価」というのはあくまで「指導に生かすため」であり、これは「最終的な評価」である「総括的評価」には勘案しません。だから「ポイントさえ決めて、そこだけを評価する」というスタンスが大切なのです。

さらに、三観点の内、「思考・判断・表現」と「主体的に学習に取り組む態度」については情意面を多分に含むため、ここが前面に押し出された評定になると、それは戦前の「絶対評価（認定評価）」を彷彿とさせかねません。なぜなら先述した通り、そこには「解釈の幅」が存在するからです。つまり、「妥当性」はあるかもしれませんが、「信頼性」が乏しくなってしまいます。

それらのことを考えると、国語科・算数科・理科・社会科については「知識・技能」面による評価を基準に「一部相対化」のベースをつくるという方法が最も「信頼性」を保ちつつ、ある程度の「妥当性」も担保できるのではないかと考えます。

「知識・技能」を測る主な方法であるペーパーテストには高い「信頼性」があります。しかし、授業者である教師がつくったテストではないので「妥当性」は低いです。しかし、だからといって、全単元のペーパーテストを授業者である教師がつくるのは非現実的です。「テストに寄せた」授業にならないなどの授業者としてのモラルは求められますが、そこを乗り越えれば、これが最も現実的ではないでしょうか。

各単元のペーパーテストの結果をExcelなどに打ち込んで、それらの「平均点」で並び替えます。あとは、例えば学年で決めた「評定3」の「共通のものさし」による人数が「2割」であれば「上位3割程度」を「上位グループ」にします。

ここで「2割」よりも多めの「3割程度」という人数を設定したのは「点数への信頼感の低さ」からです。つまり、あなたは「平均点90点の子ども」と「平均点91点の子ども」の学力のちがいを「信頼」できますか、ということです。ペーパーテストには少なからず「スキル」が求められる部分もありますし、その日に「実力が発揮できない」ということもあります。ペーパーテストは、「子どもたちの学力を測る道具」としては「不完全」なのです。

そこで、多めの人数を「上位グループ」にしておいて、「上位グループ」の中で「思考・判断・表現」や「主体的に学習に取り組む態度」を勘案して「評定3」を決めるという流れになります。「評定3」の対象を「知識・技能」というある程度、「測定と序列」が可能なところで決めておいて、評定値の最後の決定は、指導をしてきた教師による「測定と序列」が難しい項目で決める。

流れを整理します。

①ペーパーテストの平均点をもとに学級全体を序列化
②「共通のものさし」よりも多めの人数を「上位グループ」に指定
③「上位グループ」の中から「思考判断表現」と「主体的に〜」を勘案して評定3を決定

このようになります。評定1については、先ほども述べた通りですので、「評定1はいません」ということもあり得ます。それはまさに教師と子どもの努力の賜物であり、誇るべき教育的達成です。一方、それを評定3にまで広げてしまうと、途端に「評定」への信頼性が失われてしまいます。結果的に、「評定値のインフレ」が起こるのではないかと危惧しています。

――歌唱テストをしない音楽科の評価

音楽科の評価はどのようにしているでしょうか。「知識・技能」の評価だと「歌唱テスト」

は外せないかと思います。しかし、この「歌唱テスト」がなかなか厄介だなと感じます。これは、体育科の「実技テスト」も、図画工作科の「作品掲示」も同様なのですが、それぞれに苦手意識がある子どもは、自分の作品やパフォーマンスが「みんなに公開」されることに対して強い拒否反応を示すことがあります。

「平等意識が強い」学校現場においては、「みんなもやっているのだから、あなたもしなさい」という強い同調圧力の下で嫌なことを「無理矢理やらされた」という経験がある子どもの多くは、その後「その教科を嫌い」になってしまうことが多くて残念だなと感じます。

学校教育で大切なことは「教科を嫌いにさせない」ことだと常々感じます。「嫌いでない」状態ならば、簡単なきっかけで「好きになる」ことはあります。しかし「嫌い」という状態から「教科を好きにさせる」ことはとても難しいことです。

子どもが「教科を好きになる」には、もちろん、本人の特性もありますし、教師との相性や、周りのクラスメイトの存在も大切でしょう。でも、「嫌いにさせない」ならば、教師次第で達成は十分に可能です。それは先ほどの「みんなもやっているのだから、あなたもしなさい」という「強制」をなくせばいいのです。